**Langenscheidt
Grundwortschatz**

Deutsch
als Fremdsprache

Englisch — Deutsch

Langenscheidt
München · Wien

Herausgegeben von der Langenscheidt-Redaktion
Lektorat: Susanne Franz (susanne@franz-online.com)
Grafik-Design: Ute Weber
Cover-Illustration: Arndt Knieper

Ihr Zugangscode für den kostenlosen Download der Vertonung:
gaw234 auf **www.langenscheidt.de/audiowortschatz**

www.langenscheidt.com
© 2017 Langenscheidt GmbH & Co. KG, München
Satz: preXtension, Grafrath
Druck und Bindung: Druckerei C. H. Beck, Nördlingen

ISBN 978-3-468-20130-1

Introduction

Dear Student,

This „Grundwortschatz Deutsch als Fremdsprache" from Langenscheidt is designed to help you develop a comprehensive basic vocabulary of German words and phrases. The vocabulary has been selected on the basis of frequency of use and current relevance. As a result, we have included not only important terms from the digital world but also significant vocabulary specific to Austria and Switzerland.

Structure of this Book

The words and phrases in the book are **arranged by topic**, each covering a different aspect of everyday life. Then, to make learning easier, the vocabulary within the chapters is further grouped on the basis of meaning and context. For most words, there is also an example of the word in use in a **typical sentence**. Exceptions are specific terms such as food, animals and plants, the meaning of which can be clearly understood with the English translation.

Grammatical Information

The word type is specified for each word. Often there is more information:

- In the case of **nouns** (*n*), you will also find the article and the form of the nominative plural.

- **Feminine forms denoting occupation or relationship** are, however, only listed in the singular, as the plural is usually formed regularly, e.g.

  der Lehrer, die Lehrerin, Lehrer *n*: The feminine plural form **Lehrerinnen** is derived from the singular form **Lehrerin**.

  Irregularly formed plural forms, on the other hand, are listed individually:
  der Cousin, Cousins *n*
  die Cousine, Cousinen *n*

- Where there is no distinct feminine plural form, the **plural form is used for both genders**:
  der Erwachsene, die Erwachsene, Erwachsenen *n m-f*

- **In the case of irregular verbs** (*v-irr*), the forms of the third person singular are presented in the Präsens, Präteritum und Perfekt tenses. For verbs with a prefix such as **vorlesen, anziehen** or **aussehen,** you will find the irregular forms next to the corresponding verb without the prefix, e.g. **lesen, liest, las, hat gelesen**.

- In addition, **certain verbs are separable** and this is indicated by (*v-sep*) next to a verb.

Pronunciation and Sound Recording

You will find an overview of **the most important rules of pronunciation of German** on pages 9 – 12. In addition, professional speakers have recorded the complete vocabulary and the sample sentences, in both German and English, so that you have the opportunity to listen to and practice the vocabulary. This way, you can train your pronunciation and vocabulary with or without the book and use the recording to check your progress. You will find the access code to the **free audio download** in the Impressum of this book.

Further Help

- For many words, you will find **additional tips** regarding usage or possible sources of error.

- In the **Register** you can quickly look up all the words in both languages.

Finally, we wish you lots of fun and success with this phrase book,

Your Langenscheidt editorial team!

Topics

People — 13
Personal Information — 13
Character Traits — 15
Looks — 17
Appearance — 17
Clothes and Shoes — 19
Accessories — 21
Social Relationships — 22
Family — 22
Partnership and Marriage — 23
Friendship and Other Social Contacts — 25
Life Cycle — 26

Perceptions, Communication and Activities — 29
Thinking and Feeling — 29
Thoughts — 29
Feelings — 31
Sensory Impressions — 33
Speaking Situations — 34
Conversations — 34
Questions, Requests and Answers — 36
Orders and Prohibitions — 38
Discussions and Agreements — 39
Conflicts — 41
Greeting and Taking Leave — 42
Common Phrases — 43
Actions and Behaviour — 44
General Activities — 44
Endeavours and Plans — 47
Help, Duty and Reliability — 48
Owning, Giving and Taking — 49

Body and Health — 51
Body Parts and Organs — 51
Illness and Physical Impairments — 52
Medical Examinations and Hospital — 55
Emergencies — 56
Personal Hygiene — 57

Education — 59
Learning — 59
Language — 63
School, University and Training — 65

Career — 67
Professional Life — 67
Occupations — 68
Office Activities and Equipment — 70
Application, Recruitment and Termination — 71
Conditions of Employment — 72

Cultural Interests — 74
Reading — 74
Music — 75
Art — 77
Theatre and Film — 78

Leisure Time — 79
Celebrations — 79
Public Holidays — 80
Going Out and Recreation — 80
Sport — 82
Hobbies — 85
Shopping — 86
   Choosing and Paying — 86
   Shops — 90

Nutrition — 91
Nutrition — General Terms — 91
Bread, Pastries and Cereals — 93
Fruit and Vegetables — 94
Meat, Fish and Dairy Products — 95
Spices, Herbs and Other Ingredients — 96
Sweets, Snacks and Tobacco — 96
Beverages — 97

Restaurants and Cafes — 98
Restaurants — 98
Dishes and Snacks — 98
Serving, Ordering and Paying — 99

Accommodation — 101
Houses and Apartments — 101
Rooms and Living Areas — 102
Facilities — 104
- Furnishings — 104
- Housekeeping — 106

Tourism and Travel — 108
Travel — 108
Staying Overnight — 110
Places of Interest — 111
Location Information — 112
Public Transport — 114
- Local Public Transport — 114
- Railway Transportation — 115
- Air and Sea Transportation — 117

Private Transport — 118

Nature and the Environment — 120
Animals and Plants — 120
Landscape — 121
Compass Directions — 123
Space — 123
Environment, Weather and Climate — 124

Communication and Media — 127
Post — 127
Print Media and Broadcasting — 128
Telephone, Mobile Phones and the Internet — 130
Computer and Multimedia — 134

Industry, Technology and Research — 136
Manufacturing, Trade and Services — 136
Money, Banking and Financial Markets — 137
Agriculture — 140
Technology, Energy und Research — 141
Natural Resources and Commodities — 143

Society and State — 144
History — 144
Society — 145
Religion und Morality — 147
Politics — 148

Defence and Security _____ 150
State Institutions and Administration _____ 152
Law and Jurisprudence _____ 153

Time _____ 156
Times of the Year _____ 156
Names of the Months _____ 156
Days of the Week _____ 157
Times of the Day _____ 157
Telling Time _____ 158
More Expressions of Time _____ 158
   Present, Past and Future _____ 158
   Duration and Frequency _____ 160
   Early and Late _____ 161
   Chronology _____ 163

Where and Whereabouts _____ 164
Expressing Location _____ 164
Movement, Speed and Rest _____ 168
Arrival and Departure _____ 169

Colours and Shapes _____ 170
Colours _____ 170
Shapes _____ 170

Numbers and Units of Measurement _____ 171
Cardinal Numbers _____ 171
Ordinal Numbers _____ 173
Weights and Measurements _____ 174
Categories _____ 174
Quantities _____ 175

Categorisation — General Concepts _____ 178
Differences and Classifications _____ 178
Cause, Effect and Manner _____ 179

Function Words _____ 180
Interrogative Pronouns _____ 180
Prepositions _____ 181
Conjunctions _____ 182
Auxiliary and Modal Verbs _____ 183

Countries _____ 185

Pronunciation

This section will make you familiar with the sounds of German. You'll find the pronunciation of the letters and sounds explained below, together with their „imitated" equivalents.

The German alphabet is the same as English, with the addition of the letter **ß**. It also uses the Umlaut on the vowels **ä, ü, ö** (see below for pronunciation).

Pronunciation Rules

- A lot of consonants **(b, d, f, g, h, k, l, m, n, p, ph, t, x)** are usually pronounced the same (or almost the same) as their English counterparts.

- But **b, d, g** at the end of a word are pronounced like **p, t, k**: gel**b**, Ra**d**, Ta**g**.

- The German **r** is formed in the throat and pronounced as if you were clearing your throat or gurgling.

- The letter **h** after a vowel is not pronounced. It just prolongs the vowel: B**ah**n, s**eh**r, w**oh**nen, **Uh**r.

- Double vowels, vowels + h and ie are always long: P**aa**r, T**ee**, f**ah**ren, s**eh**r, sp**ie**len.

- Vowels in front of double consonants are always short: Tr**e**ppe, T**a**sse, B**e**tt.

Stress

Generally, as in English, the first syllable is stressed in German, except when short prefixes are added to the beginning of the word. Then the second syllable is stressed (e.g. bew**e**gen – to move, ges**e**hen – seen). However, similar looking words can be stressed differently: übers**e**tzen – translate vs. **ü**bersetzen – ferry over.

Consonants

Letter	Approximate Pronunciation		Example
b	1. at the end of a word or between a vowel and a consonant	like **p** in **up**	a**b**, gel**b**, lie**b**, er lie**b**t, er gi**b**t, gi**b**!
	2. elsewhere	like **b** in **bed**	**B**ett, **b**is, lie**b**en, ha**b**en, ge**b**en

c	variable, depending on the origin of the loan-word e.g.	like c in cat	Café, Computer, Coburg
		like ts in hits	Celsius, Celle
		like ch in chip	Cello, Cembalo
ch	1. after the back (darker) vowels a, o, u	like ch in Scottish loch, otherwise more like h in huge; is pronounced in the throat	Bach, Tochter, doch, Bucht, Geruch
	2. after the front (brighter) vowels i, e, ä, ö, ü	no English equivalent; an approximation to this sound may be acquired by assuming the mouth-configuration for i (in hit) and emitting a strong current of breath; pronounced on the palate	nicht, mich, dich, sich, Licht, ehrlich, echt, Bäche, Töchter, Küche
	3. sometimes, especially before s	like k in kit	wachsen, wechseln, sechs
d	1. at the end of a word or between a vowel and a consonant	like t in eat	Kind, Rad, Land, Feld, Geld, widmen, Mädchen
	2. elsewhere	like d in do	Kinder, Räder, Länder, Felder, danke, baden
g	1. usually	like g in go	geben, Gast, fragen, Nagel, einige, aussteigen
	2. at the end of a word	like k in kit	Tag, Weg, Zug, steig ... aus
	3. in words with the ending -ig	like ch in deutsch nicht (see above ch no. 2)	fertig, lustig, eckig, König, einig, billig
j	usually	like y in yes	ja, Junge, Jacke
qu	usually	like k followed by v as in vat: like k-v	Qualität, Quittung
r	1. usually	no English equivalent, generally rasped at the back of the mouth	warum, warten, Rad, rot, Ernst, brav, froh
	2. sometimes at the end of a word or a prefix	unstressed like a in ago	er, wer, aber, erzählen, verkaufen

s	1. before or between vowels; voiced	like z in zoo	sie, Sonne, Rose, Hose, Häuser, dieser
	2. before p and t at the beginning of a syllable, unvoiced	like sh in shut	Sport, Spiel, spitz, Stil, Stein, bestellen
	3. elsewhere; unvoiced	like s in sit	es ist, Haus, dies, Weisheit
ß	always	like s in sit	groß, heiß, schließen, Fuß, Straße
sch	always	like sh in shut	schnell, Schiff, Mensch, britisch
v	1. usually	like f in for	vier, vielleicht, viel, Vater, Verkehr, verkaufen
	2. in most words of foreign origin	like v in voice	Vase, vegan, Velo, bravo
w	always	like v in voice	Wagen, Wort, wie, Schweiz, obwohl, ewig
z	usually	like ts in hits	zeigen, Zentrum, Zoo, Salz, Arzt, französisch

Vowels

Letter	Approximate Pronunciation		Example
a	1. short	like a in French carte	Mann, hatte, alles, Ball
	2. long	like a in father	Vater, Rad, Abend, Jahr
ä	1. short	like ai in fair	Lärm, männlich
	2. long	like ai in fair, but long	zählen, ernähren, wählen, Räder
e	1. short (unstressed)	like e in bed	jedoch, Revolution
	2. long (stressed)	same sound, but long	Weg, jemand, sehen
	3. at the end of a word	unstressed like a in ago	bitte, danke, ihre
	4. sometimes like ä	like e in let or ai in fair	Herr, fertig, Ende
	5. sometimes almost silent		gehen, sehen

i	1. short	like i in hit	billig, ich, immer, Ding, Linde
	2. long	like ee in meet	ihm, Bio, Stil, Tiger
ie	always long	like ee in meet	die, sie, sieht, Bier, Liebe
o	1. short	like o in long	voll, Ort, kommen, trotz
	2. long	same sound but long; no English equivalent	wohnen, Sohn, ohne, Ohr, rot, Boot
ö	1. short	like eu in French neuf	öffnen, können, Körper
	2. long	like er in fern or like eu in French feu	schön, höflich, Größe
u	1. short	like oo in book or foot	Nuss, Kuss, muss, und
	2. long	like oo in boot or ou in you	Uhr, Huhn, ruhig, Mut
ü/y	1. short	almost like the French u as in sur; round your lips	Hütte, kümmern, brüllen, Glück, System, Rhythmus
	2. long	same sound but long	führen, Tür, Gefühl, berühmt, früh, Syrien

Diphthongs

ai, ei	always	like ey in eye	eigen, mein, frei, Eis, leise, Arbeit, Zeit, Mai
au	always	like ou in mouse	Maus, Haus, laufen, Auto, Pause
äu, eu	always	like oy in boy	Mäuse, Häuser, heute, neu, Euro, Feuer

People

Personal Information

der **Herr,** Herren *n*
- Das ist mein Chef, **Herr** Wagner.

Mr
- This is my boss, **Mr** Wagner.

der **Mann,** Männer *n*
- Er ist ein gut aussehender **Mann**.

man
- He's a good-looking **man**.

die **Frau,** Frauen *n*
- Wohnt in diesem Haus eine **Frau** Schneider?
- Brauchen Sie Hilfe, **Frau** Fischer?
- Der Roman heißt „Eine **Frau** von dreißig Jahren".

Mrs; Ms; woman
- Is there a **Mrs** Schneider living in this house?
- Do you need any help, **Ms** Fischer?
- The novel is called "A **Woman** of Thirty".

➡ **Frau** is used both as a title and as a term for an adult female person.

der **Junge,** Jungen *n*
- In unserer Klasse sind nur drei **Jungen**.

boy
- There are only three **boys** in our class.

das **Mädchen,** Mädchen *n*
- Ein **Mädchen** hat meinen Schlüssel gefunden.

girl
- A **girl** found my key.

➡ **Mädchen** is used in German with the neuter article **das**, even though the real gender of a girl is feminine. So in German you say: Ich sehe **ein Mädchen, das** sich gerade die Haare kämmt. I can see **a girl who** is combing her hair. **Es** hat sehr schöne und lange Haare. **She** has very long and beautiful hair.

das **Kind,** Kinder *n*
- Im Juni erwarten wir unser drittes **Kind**.

child
- We're expecting our third **child** in June.

➡ **Das Kind** has a neuter gender in German, even though it may refer to either a boy or a girl.

heißen,
heißt, hieß, hat geheißen *v-irr*
- Er **heißt** Mario.

to be called

- He's called Mario.

der **Name,** Namen *n*
- Könnten Sie bitte Ihren **Namen** buchstabieren?

name
- Could you spell your **name**, please?

der **Familienname,** **Familiennamen** *n*
- Wie ist der **Familienname** deiner Mutter?

surname
- What's your mother's **surname**?

der **Nachname, Nachnamen** *n*
- Tragen Sie bitte hier Ihren **Nachnamen** ein.

last name
- Please enter your **last name** here.

der **Vorname, Vornamen** *n*
- Wie heißt du mit **Vornamen**?

first name
- What's your **first name**?

ledig *adj*
- Ich bin nicht **ledig**. Mein Mann lebt in Mexiko.

single
- I'm not **single**. My husband lives in Mexico.

verheiratet *adj*
- Seit wann sind Sie **verheiratet**?

married
- Since when have you been **married**?

geschieden *adj*
- Peter und Lisa waren verheiratet. Jetzt sind sie **geschieden**.

divorced
- Peter and Lisa were married. Now they're **divorced**.

getrennt *adj*
- Ihre Eltern sind **getrennt** und leben in verschiedenen Wohnungen.

separated
- Their parents are **separated** and live in different flats.

verwitwet *adj*
- Er **ist** seit vielen Jahren **verwitwet**.

widowed
- He has been **widowed** for many years.

herkommen *v-sep-irr*
- Wo **kommen** Sie **her**?

to come from
- Where **do** you **come from**?

kommen aus *phrase*
- Sie **kommt aus** Berlin.

to be from
- She's **from** Berlin.

die **Adresse, Adressen** *n*
address

der **Wohnort, Wohnorte** *n*
(place of) residence

die **Straße, Straßen** *n*
street

die **Hausnummer, Hausnummern** *n*
house number

die **Telefonnummer, Telefonnummern** *n*
telephone number

die **Handynummer, Handynummern** *n*
mobile number

Character Traits

der **Charakter** *n*
- Er ist ein Mann von **Charakter**.

character
- He's a man of **character**.

die **Persönlichkeit, Persönlichkeiten** *n*
- Um hier zu arbeiten, braucht man eine starke **Persönlichkeit**.

personality
- You need a strong **personality** to work here.

nett *adj*
- Es war sehr **nett** von dir, mir zu helfen.

kind
- It was very **kind** of you to help me.

freundlich *adj*
- Elisabeth begrüßte uns mit einem **freundlichen** Lächeln.

friendly
- Elisabeth greeted us with a **friendly** smile.

unfreundlich *adj*

unfriendly

höflich *adj*
- Es war nicht **höflich** von Peter, uns so lange warten zu lassen.

polite
- It wasn't **polite** of Peter to keep us waiting so long.

unhöflich *adj*

impolite

sympathisch *adj*
- Ihre Chefin scheint eine sehr **sympathische** Frau zu sein.

pleasant
- Her boss seems a very **pleasant** woman.

unsympathisch *adj*

unpleasant

lieb *adj*
- Er wird manchmal wütend, aber er ist ein **lieber** Kerl.

good
- He loses his temper sometimes but really he's a **good** guy.

brav *adj*
- Sei ein **braver** Junge und spiele draußen im Garten.

good
- Be a **good** boy and play outside in the garden.

faul *adj*
- Du würdest nicht glauben, wie **faul** ich sein kann.

lazy
- You wouldn't believe how **lazy** I can be.

lustig *adj*
- Mein neuer Freund ist so **lustig**. Er kennt Hunderte von Witzen.

funny
- My new boyfriend is so **funny**. He knows hundreds of jokes.

16 Character Traits

ruhig *adj*
- Obwohl er den Test nicht bestanden hat, blieb sein Vater **ruhig**.

calm
- Even though he hadn't passed the test, his father stayed **calm**.

mutig *adj*
- Es war **mutig** von Paul, ins Wasser zu springen, um sie zu retten.

brave
- It was **brave** of Paul to jump into the water to save her.

feige *adj*
- Das war eine **feige** Lüge.

cowardly
- That was a **cowardly** lie.

ehrlich *adj*
- Ich bin froh, dass sie **ehrlich** zu mir war.

honest
- I'm glad she was **honest** with me.

die **Geduld** *n*
- Und dann hat er die **Geduld** verloren und wurde böse.

patience
- And then he lost his **patience** and became angry.

nervös *adj*
- Geh weg! Du machst mich **nervös**.

nervous
- Go away! You're making me **nervous**.

vorsichtig *adj*
- Sei **vorsichtig**, wenn du die Straße überquerst!

careful
- Be **careful** crossing the street.

unvorsichtig *adj*

careless

schlau *adj*
- Was für ein **schlaues** Mädchen du doch bist.

clever
- What a **clever** girl you are.

die **Dummheit, Dummheiten** *n*
- Seine **Dummheit** ist unglaublich.

stupidity
- His **stupidity** is incredible.

dumm *adj*
- Es gibt keine **dummen** Fragen, sondern nur **dumme** Antworten.

stupid
- There are no **stupid** questions, only **stupid** answers.

gewöhnt sein an *phrase*
- Ich **bin daran gewöhnt**, früh aufzustehen.

to be used to
- I'm **used to** getting up early.

Looks

Appearance

das **Aussehen** n	look
▪ Wir wollen dem Zimmer ein neues **Aussehen** verleihen.	▪ We want to give the room a new **look**.
aussehen v-sep-irr	to look
▪ Mein Nachbar ist über 50, **sieht** aber zehn Jahre jünger **aus**.	▪ My neighbour is over 50, but he **looks** ten years younger.
hübsch adj	pretty
▪ Denkst du wirklich, sie ist **hübsch**?	▪ Do you really think she's **pretty**?
attraktiv adj	attractive
▪ Emma ist das **attraktivste** Mädchen in unserer Klasse.	▪ Emma is the most **attractive** girl in our class.
die **Schönheit** n	beauty
▪ Jeder bewundert ihre **Schönheit**.	▪ Everybody admires her **beauty**.
schön adj	beautiful
▪ Frau Becker hat zwei **schöne** Kinder.	▪ Mrs Becker has got two **beautiful** children.
hässlich adj	ugly
▪ Tim ist **hässlich**, aber er hat eine wundervolle Persönlichkeit.	▪ Tim is **ugly**, but he's got a wonderful personality.
das **Gesicht, Gesichter** n	face
▪ Albert lachte übers ganze **Gesicht**, als er mich sah.	▪ Albert had a big smile on his **face** when he saw me.
das **Haar, Haare** n	hair
▪ Susanna hat lange, schwarze **Haare**.	▪ Susanna's got long black **hair**.

➡ **Haare** is used mostly in the plural in German. **Das Haar** (singular) usually refers to one single hair.

die **Figur** n	figure
▪ Kein Zucker für mich, ich muss auf meine **Figur** achten.	▪ No sugar for me, I have to watch my **figure**.
groß adj	tall
▪ Monika ist ziemlich **groß** für ihr Alter.	▪ Monika is quite **tall** for her age.

Appearance

klein *adj*
- Der **kleine**, dicke Mann sah nicht sehr freundlich aus.
- Als Teenager war ich eher **klein** für mein Alter.

short; **small**
- The **short**, fat man didn't look very friendly.
- When I was a teenager I was rather **small** for my age.

schlank *adj*
- Benjamin isst nicht viel, weil er **schlank** bleiben möchte.

slim
- Benjamin doesn't eat much because he wants to stay **slim**.

dünn *adj*
- Der Arzt sagte mir, ich bin zu **dünn** und sollte etwas zunehmen.

thin
- The doctor told me I was too **thin** and should put on some weight.

dick *adj*
- Ich sollte mich gesünder ernähren, weil ich langsam **dick** werde.

fat
- I should eat more healthily because I'm slowly getting **fat**.

so wie *prep*
- Hannah ist etwas größer, sieht aber genau **so** aus **wie** ihre Mutter.

like
- Hannah is a bit taller but she looks exactly **like** her mother.

die **Frisur, Frisuren** *n*
- Du brauchst eine neue **Frisur**.

haircut
- You need a new **haircut**.

blond *adj*
- Obwohl Carlos aus Spanien stammt, hat er **blondes** Haar.

fair
- Although Carlos is from Spain he's got **fair** hair.

hell *adj*
- Nordeuropäer haben normalerweise **helle** Haut.

fair
- People from northern Europe usually have **fair** skin.

dunkel *adj*
- Der Manager trug einen **dunklen** Anzug und eine gelbe Krawatte.

dark
- The manager was wearing a **dark** suit and yellow tie.

➡ A colour can be described more precisely by adding the prefixes **hell** or **dunkel** to it: **Das Auto ist hellblau.** The car is light blue. **Das Heft ist dunkelgelb.** The book is dark yellow.

Clothes and Shoes

die Kleidung, Kleidungen *n*
- Sie verkaufen Jeans, Pullover, Jacken und andere **Kleidung**.

clothes
- They sell jeans, sweaters, jackets and other **clothes**.

➡ **Kleidung** is only used very rarely in the plural.

die Mode, Moden *n*
- Interessieren Sie sich für italienische **Mode**?

fashion
- Are you interested in Italian **fashion**?

anziehen *v-sep-irr*
- **Zieh** deinen Mantel **an**! Es wird kalt.
- Obwohl er fünf ist, muss seine Mutter ihn immer noch **anziehen**.

to put on; to dress
- **Put** your coat **on**. It's getting cold.
- Although he's five, his mother still has to **dress** him.

ausziehen *v-sep-irr*
- Haben Sie etwas dagegen, wenn ich meine Jacke **ausziehe**?

to take off
- Do you mind if I **take off** my jacket?

tragen,
trägt, trug, hat getragen *v-irr*
- Du solltest am Strand Hut und Sonnenbrille **tragen**.

to wear
- You should **wear** a hat and sunglasses on the beach.

anhaben *v-sep-irr*
- Heute **hat** sie ein grünes T-Shirt **an**.

to wear
- Today she **is wearing** a green T-shirt.

anprobieren *v-sep*
- Darf ich diese Hose **anprobieren**?

to try on
- Can I **try** these trousers **on**?

sich umziehen *v-sep-irr*
- Wo kann ich **mich umziehen**?

to change
- Where can I **change**?

j-m stehen *phrase*
- Dunkle Farben **stehen** dir am besten.

to suit sb.
- Dark colours **suit** you best.

passen *v*
- Dieses Kleid **passt** überhaupt nicht.

to fit
- This dress doesn't **fit** at all.

gut zu etw. passen *phrase*
- Diese Krawatte **passt** wirklich **gut zu** Ihrem Hemd.

to go well
- This tie **goes** really **well** with your shirt.

eng *adj*
- Dieser Rock ist zu **eng**.

tight
- This skirt is too **tight**.

Clothes and Shoes

weit *adj*	**wide; loose**
▪ Diese Jacke ist mir zu **weit**.	▪ This jacket is too **wide** for me.
▪ Ich liebe es, **weite** Hemden und Hosen zu tragen.	▪ I love wearing **loose** shirts and trousers.
kurz *adj*	**short**
▪ Karen würde nie einen **kurzen** Rock tragen.	▪ Karen would never wear a **short** skirt.
lang *adj*	**long**
▪ Sophie ging in einem **langen** roten Kleid aus.	▪ Sophie went out in a **long** red dress.
die **Kleidergröße, Kleidergrößen** *n*	**size**
▪ Welche **Kleidergröße** tragen Sie?	▪ What **size** do you take?
der **Mantel, Mäntel** *n*	coat
die **Jacke, Jacken** *n*	jacket
die **Hose, Hosen** *n*	(pair of) trousers
die **Jeans, Jeans** *n f pl*	(pair of) jeans
das **T-Shirt, T-Shirts** *n*	T-shirt
der **Pullover, Pullover** *n*	pullover; sweater; jumper
das **Kleid, Kleider** *n*	dress
der **Rock, Röcke** *n*	skirt
die **Bluse, Blusen** *n*	blouse
das **Hemd, Hemden** *n*	shirt
der **Anzug, Anzüge** *n*	suit
die **Socke, Socken** *n*	sock
der **Schuh, Schuhe** *n*	shoe
der **Schlafanzug, Schlafanzüge** *n*	(pair of) pyjamas
das **Nachthemd, Nachthemden** *n*	nightdress
der **Slip, Slips** *n*	(pair of) briefs
die **Unterhose, Unterhosen** *n*	(pair of) briefs
der **Badeanzug, Badeanzüge** *n*	swimsuit
der **Bikini, Bikinis** *n*	bikini
die **Badehose, Badehosen** *n*	swimming trunks

Accessories

das **Portemonnaie,** Portemonnaies *n*	purse

➡ Other common words for **purse** include **der Geldbeutel**, **die Geldbörse** and **die Brieftasche**.

die **Handtasche,** Handtaschen *n*	purse
die **Tasche,** Taschen *n*	bag

➡ In the supermarket you can often get a **Tüte** made out of plastic or paper to put your shopping in. If youre using a cloth bag, you can also call it a **Beutel**.

der **Hut,** Hüte *n*	hat
die **Mütze,** Mützen *n*	cap
der **Handschuh,** Handschuhe *n*	glove
der **Regenschirm,** Regenschirme *n*	umbrella
der **Ring,** Ringe *n*	ring
die **Armbanduhr,** Armbanduhren *n*	(wrist)watch
die **Brille,** Brillen *n*	glasses
die **Sonnenbrille,** Sonnenbrillen *n*	sunglasses
der **Ohrring,** Ohrringe *n*	earring
die **Halskette,** Halsketten *n*	necklace
das **Armband,** Armbänder *n*	bracelet

Social Relationships

Family

die **Familie,** Familien *n*	family
die **Eltern** *n m-f pl*	parents
die **Mutter,** Mütter *n*	mother
der **Vater,** Väter *n*	father

➡ In everyday language, Germans call their mothers **Mama** or **Mutti** and their fathers **Papa** or **Vati**.

der **Sohn,** Söhne *n*	son
die **Tochter,** Töchter *n*	daughter
der **Bruder,** Brüder *n*	brother
die **Schwester,** Schwestern *n*	sister
der **Onkel,** Onkel *n*	uncle
die **Tante,** Tanten *n*	aunt
der **Cousin,** Cousins *n*	cousin
die **Cousine,** Cousinen *n*	cousin
die **Großeltern** *n m-f pl*	grandparents
die **Großmutter,** Großmütter *n*	grandmother
der **Großvater,** Großväter *n*	grandfather

➡ In everyday language, Germans call their grandfathers **Opa** and their grandmothers **Oma**.

die **Geschwister** *n m-f pl*	brothers and sisters; siblings
der **Nachwuchs** *n*	offspring

➡ The term **Nachwuchs** can be used both for people and animals.

zusammenleben *v-sep*
- Sie **leben** alle **zusammen** unter einem Dach.

to live together
- They **live together** under one roof.

sich kümmern um *phrase*
- Niemand **kümmert sich um** den alten Mann nebenan.

to care about
- Nobody **cares about** the old man next door.

Partnership and Marriage

die Liebe *n*
- Glaubst du an die wahre **Liebe**?

love
- Do you believe in true **love**?

lieben *v*
- Ich **liebe** sie, seit ich sie kennengelernt habe.

to love
- I've **loved** her from the moment I met her.

sich verlieben *v*
- Ich **habe mich** noch nie in einen meiner Lehrer **verliebt**.

to fall in love
- I've never **fallen in love** with one of my teachers.

verliebt sein *phrase*
- Thomas und Christina **sind** hoffnungslos **verliebt**.

to be in love
- Thomas and Christina **are** hopelessly **in love**.

der Hass *n*
- Ich kann ihren **Hass** auf Männer nicht verstehen.

hatred
- I don't understand her **hatred** of men.

hassen *v*
- Ich **hasse** es, wenn er mit seiner Sekretärin ausgeht.

to hate
- I **hate** it when he's going out with his secretary.

der Kuss, Küsse *n*
- Anna gab den Kindern einen **Kuss** und schloss die Tür.

kiss
- Anna gave the children a **kiss** and closed the door.

küssen *v*
- Ich **habe** sie nur einmal auf die Wange **geküsst**.

to kiss
- I **kissed** her only once on the cheek.

die Umarmung, Umarmungen *n*
- Eine **Umarmung** ist eine herzliche Begrüßung.

hug
- A **hug** is an affectionate greeting.

sich umarmen *v*
- Und dann **umarmten** und küssten wir **uns**.

to hug
- And then we **hugged** and kissed.

die Hochzeit, Hochzeiten *n*
- Nicole wird zur **Hochzeit** ein weißes Kleid tragen.

wedding
- Nicole's going to wear a white dress for her **wedding**.

heiraten *v*
- Meine Eltern **heirateten** vor 30 Jahren in London.

to get married
- My parents **got married** in London 30 years ago.

Partnership and Marriage

die **Ehe,** Ehen *n*	marriage
▪ Es ist Jennifers zweite **Ehe**.	▪ It's Jennifer's second **marriage**.
der **Ehemann,** Ehemänner *n*	husband
▪ Tim ist ein treuer **Ehemann**.	▪ Tim is a faithful **husband**.
die **Ehefrau,** Ehefrauen *n*	wife
▪ Tom ist Lehrer und seine **Ehefrau** ist Architektin.	▪ Tom is a teacher, and his **wife** is an architect.
die **Verlobung,** Verlobungen *n*	engagement
▪ Maria hat ihre **Verlobung** gelöst.	▪ Maria has broken off her **engagement**.
verlobt sein *phrase*	to be engaged
▪ Schau, mein neuer Ring! Frank und ich **sind** jetzt **verlobt**.	▪ Look, my new ring! Frank and I **are engaged** now.
das **Paar,** Paare *n*	couple
▪ Nebenan ist ein **Paar** eingezogen.	▪ A **couple** moved in next door.
treu *adj*	faithful
▪ Seine Freundin arbeitet meist im Ausland, doch er bleibt ihr **treu**.	▪ His girlfriend works abroad at lot, but he stays **faithful**.
untreu *adj*	unfaithful
die **Trennung,** Trennungen *n*	separation
▪ Nach der **Trennung** begann sich Lena besser zu fühlen.	▪ After the **separation** Lena began to feel better.
sich trennen *v*	to separate
▪ Sie **haben sich getrennt** und lassen sich scheiden.	▪ They **have separated** and are getting divorced.

Friendship and Other Social Contacts

der **Freund,** die **Freundin, Freunde** *n*	friend
▪ Zunächst mochten wir uns nicht, aber jetzt ist Tim mein **Freund**.	▪ At first we didn't like each other, but now Tim is my **friend**.

➡ The words **Freund** and **Freundin** are also used to translate **boyfriend** and **girlfriend** respectively.

die **Freundschaft, Freundschaften** *n*	friendship
▪ Es gibt keine wahre **Freundschaft** ohne Vertrauen.	▪ There is no real **friendship** without trust.
befreundet sein mit j-m *phrase*	to be friends with
▪ Ich will nur **mit ihr befreundet sein**.	▪ I only want **to be friends with** her.
persönlich *adj*	personal
▪ Vaters Unfall war eine **persönliche** Tragödie für unsere Familie.	▪ Father's accident was a **personal** tragedy for our family.
die **Person, Personen** *n*	person
▪ Jane ist eine sehr nette **Person**.	▪ Jane is a very nice **person**.
die **Leute** *n m-f pl*	people
▪ Manche **Leute** wissen einfach nicht, wie man sich benimmt.	▪ Some **people** just don't know how to behave.
gemeinsam *adv*	in common
▪ Habt ihr irgendetwas **gemeinsam**?	▪ Do you have anything **in common**?
der **Nachbar,** die **Nachbarin, Nachbarn** *n*	neighbour
▪ Ich hatte noch nie Ärger mit meinem **Nachbarn**.	▪ I've never had any trouble with my **neighbour**.
der **Typ, Typen** *n*	guy
▪ Simon sieht wie ein netter **Typ** aus.	▪ Simon looks like a nice **guy**.
das **Treffen, Treffen** *n*	meeting
▪ Robert hat nächste Woche ein **Treffen** mit seinen Kunden.	▪ Robert has a **meeting** with his clients next week.
treffen, trifft, traf, hat getroffen *v-irr*	to meet
▪ Ich **habe** einen alten Freund **getroffen**.	▪ I **met** an old friend.

der **Gast,** Gäste *n*
- Wir benutzen es als Schlafzimmer, wenn wir **Gäste** haben.

guest
- We use it as a bedroom when we have **guests**.

besuchen *v*
- Wir **besuchen** sie jeden zweiten Tag im Krankenhaus.

to visit
- We **visit** her in hospital every other day.

einladen *v-sep-irr*
- Sie **haben** alle ihre Freunde zur Verlobungsfeier **eingeladen**.

to invite
- They **invited** all their friends to the engagement party.

der **Kontakt,** Kontakte *n*
- Wir waren gute Freunde, aber wir haben den **Kontakt** verloren.

contact
- We were good friends, but we've lost **contact**.

(sich) kennenlernen *v-sep*
- Auf Partys kann man viele interessante Leute **kennenlernen**.

to meet
- You can **meet** a lot of interesting people at parties.

Life Cycle

der **Mensch,** Menschen *n*
- Alle **Menschen** sind gleich erschaffen.
- Der moderne **Mensch** stammt aus Ostafrika.

man; human
- All **men** are created equal.
- Modern **humans** originate in East Africa.

menschlich *adj*
- Das Unglück wurde durch **menschliches** Versagen verursacht.

human
- The disaster was caused by **human** error.

das **Leben,** Leben *n*
- Gibt es **Leben** auf dem Mars?

life
- Is there **life** on Mars?

leben *v*
- Charlotte **lebt** schon seit 15 Jahren in England.

to live
- Charlotte **has been living** in England for 15 years.

die **Geburt,** Geburten *n*
- Wir feierten alle die **Geburt** ihres dritten Kindes.

birth
- We all celebrated the **birth** of her third child.

geboren werden *phrase*
- Laura **wurde** 1877 **geboren** und starb 67 Jahre später.

to be born
- Laura **was born** in 1877 and died 67 years later.

das **Baby**, **Babys** *n*
- Peter ist sieben Jahre alt, Anne ist noch ein **Baby**.

baby
- Peter is seven years old, Anne is still a **baby**.

jung *adj*
- Er ist unser neuer Lehrer? Er sieht zu **jung** aus.

young
- He's our new teacher? He looks too **young**.

die **Jugend** *n*
- Martin verbrachte seine Kindheit und **Jugend** in Indien.

youth
- Martin spent his childhood and **youth** in India.

jugendlich *adj*
- **Jugendliche** Straftäter bereiten der Polizei Schwierigkeiten.

juvenile
- **Juvenile** offenders cause trouble for the police.

der **Erwachsene**, die **Erwachsene**, **Erwachsenen** *n m-f*
- Alle Kinder müssen von einem **Erwachsenen** begleitet werden.

adult
- All children must be accompanied by an **adult**.

erwachsen *adj*
- Johanna hat eine **erwachsene** Schwester.

grown-up
- Johanna has a **grown-up** sister.

wachsen, wächst, wuchs, ist gewachsen *v-irr*
- Ich **bin** inzwischen zweieinhalb Zentimeter **gewachsen**.

to grow
- I've **grown** an inch since then.

das **Alter**, **Alter** *n*
- Er verhält sich nicht seinem **Alter** entsprechend.

age
- He doesn't behave his **age**.

alt *adj*
- Im Park sah ich viele **alte** Menschen, die mit Kindern spielten.

old
- I saw a lot of **old** people playing with children in the park.

... Jahre alt sein *phrase*
- Helen **war** erst zwölf **Jahre alt**, als sie nach Deutschland zog.

to be ... years old
- Helen **was** only twelve **years old** when she moved to Germany.

der **Tod**, **Tode** *n*
- Ich habe keine Angst vor dem **Tod**.

death
- I'm not scared of **death**.

tot *adj* ▪ Ich glaube, diese Pflanze ist **tot**. Hast du sie jemals gegossen?	**dead** ▪ I think this plant is **dead**. Did you ever water it?
sterben, **stirbt, starb, ist gestorben** *v-irr* ▪ Er **starb** mit 42 Jahren an einem Herzinfarkt.	**to die** ▪ He **died** of a heart attack at the age of 42.
die **Trauer** *n* ▪ Patrick war über ein Jahr lang in tiefer **Trauer**.	**mourning** ▪ Patrick was in deep **mourning** for over a year.
betroffen *adj* ▪ Simon war ziemlich **betroffen**, als er von ihrem Tod erfuhr.	**taken aback** ▪ Simon was pretty **taken aback** when he heard the news of her death.
das **Grab, Gräber** *n* ▪ Am Ende der Beerdigung wurde der Sarg ins **Grab** gelassen.	**grave** ▪ At the end of the funeral the coffin was lowered into the **grave**.
die **Beerdigung, Beerdigungen** *n* ▪ Viele von Bens Freunden waren auf der **Beerdigung**.	**funeral** ▪ Many of Ben's friends were at the **funeral**.
beerdigen *v* ▪ Ihr Mann **wurde** in seiner Heimatstadt **beerdigt**.	**to bury** ▪ Her husband **was buried** in his home town.
der **Witwer, Witwer** *n* ▪ Peters Frau starb jung. Er ist fast sein Leben lang **Witwer**.	**widower** ▪ Peter's wife died young. He's been a **widower** most of his life.
die **Witwe, Witwen** *n* ▪ Nach dem Tod ihres Gatten gründete sie ein Forum für **Witwen**.	**widow** ▪ After her husband's death she founded a forum for **widows**.

Perceptions, Communication and Activities

Thinking and Feeling

Thoughts

der **Gedanke,** Gedanken *n*
- Das wollte ich gerade sagen. Kannst du **Gedanken** lesen?

thought
- That's what I wanted to say. Can you read my **thoughts**?

denken,
denkt, dachte, hat gedacht *v-irr*
- Woran **denkst** du, wenn du eine rote Rose siehst?

to think
- What **do you think** of when you see a red rose?

nachdenken *v-sep-irr*
- Worüber **denkst** du **nach**?

to think
- What **are** you **thinking** about?

sich fragen *v*
- Ich **frage mich**, was sie als Nächstes tun werden.

to wonder
- I **wonder** what they'll do next.

die **Erinnerung,** Erinnerungen *n*
- Simon hat schöne **Erinnerungen** an seine Kindheit.

memory
- Simon has pleasant **memories** of his childhood.

(sich) erinnern *v*
- Ich kann **mich** nicht an ihren Namen **erinnern**.

to remember
- I can't **remember** her name.

vergessen, vergisst, vergaß, hat vergessen *v-irr*
- Lisa ist böse, weil ihr Mann ihren Hochzeitstag **vergessen hat**.

to forget
- Lisa is angry because her husband **forgot** their wedding anniversary.

die **Hoffnung,** Hoffnungen *n*
- Gibt es irgendeine **Hoffnung**, dass der Hund wieder gesund wird?

hope
- Is there any **hope** that the dog will recover?

hoffen *v*
- Ich **hoffe**, dass Benjamin zur Party kommen kann.

to hope
- I **hope** Benjamin can come to the party.

scheinen, scheint, schien, hat geschienen *v-irr*
- Sophie ist nicht so ruhig, wie sie **scheint**.

to seem
- Sophie is not as calm as she **seems**.

wahrscheinlich *adj, adv*
- Es ist sehr **wahrscheinlich**, dass sie das Spiel gewinnen.
- Ich bin nicht sicher, aber **wahrscheinlich** fahren wir am Freitag.

likely; probably
- It's very **likely** that they'll win the game.
- I'm not sure, but we'll **probably** leave on Friday.

möglich *adj*
- Weitere Regenschauer sind **möglich**, aber nicht wahrscheinlich.

possible
- Further showers are **possible** but unlikely.

unmöglich *adj*
- Es ist **unmöglich**, schneller als Lichtgeschwindigkeit zu fliegen.

impossible
- It's **impossible** to fly faster than the speed of light.

vielleicht *adv*
- Hast du **vielleicht** mein grünes T-Shirt gesehen?
- **Vielleicht** wird uns Kathrin helfen. Fragen wir sie doch!
- **Vielleicht** hat Carolin einen Tag freigenommen.

by any chance; maybe; perhaps
- Have you seen my green T-shirt **by any chance**?
- **Maybe** Kathrin will help us. Let's ask her.
- **Perhaps** Carolin has taken a day off.

der **Eindruck,** Eindrücke *n*
- Mein erster **Eindruck** von New York war fantastisch.

impression
- My first **impression** of New York was fantastic.

bemerken *v*
- David **bemerkte** nicht, dass sie ihn anlächelte.

to notice
- David didn't **notice** that she smiled at him.

erwarten *v*
- Unsere Besucher kamen viel früher an, als wir **erwartet hatten**.

to expect
- Our visitors arrived much earlier than we **had expected**.

Feelings

das **Gefühl**, Gefühle *n*	feeling
▪ Ich habe das **Gefühl**, wir werden beobachtet.	▪ I have the **feeling** we are being watched.
sich fühlen *v*	to feel
▪ Wie **fühlst** du **dich**?	▪ How **are** you **feeling**?
die **Freude**, Freuden *n*	pleasure
▪ Es macht mir sehr viel **Freude**, mit Kindern zu spielen.	▪ I get a lot of **pleasure** out of playing with children.
erfreut *adj*	pleased
▪ **Erfreut**, Sie kennenzulernen!	▪ **Pleased** to meet you!
sich freuen *v*	to be pleased
▪ Amanda **hat sich** sehr über ihre Geschenke **gefreut**.	▪ Amanda **was** very **pleased** with her presents.
angenehm *adj*	pleasant
▪ Diese Rosen haben einen sehr **angenehmen** Duft.	▪ These roses have a very **pleasant** smell.
unangenehm *adj*	unpleasant
das **Glück** *n*	luck
▪ Mit ein bisschen **Glück** wirst du den Test bestehen.	▪ With a little bit of **luck** you'll pass the test.
glücklich *adj*	happy
▪ Wir wünschen dir ein langes und **glückliches** Leben.	▪ We wish you a long and **happy** life.
unglücklich *adj*	unhappy
froh *adj*	glad
▪ Ich bin **froh** zu hören, dass du eine neue Arbeit gefunden hast.	▪ I'm **glad** to hear that you've found a new job.
das **Lächeln** *n*	smile
▪ Die Wirtin begrüßte uns mit einem freundlichen **Lächeln**.	▪ The landlady welcomed us with a friendly **smile**.
lächeln *v*	to smile
▪ Gloria **lächelte** das Baby an und es **lächelte** zurück.	▪ Gloria **smiled** at the baby and it **smiled** back.

Feelings

das **Lachen** *n*	laughter
▪ Die Clowns waren irrsinnig komisch. Wir brüllten vor **Lachen**.	▪ The clowns were hilarious. We roared with **laughter**.
lachen *v*	to laugh
▪ Es war so komisch, dass wir **lachen** mussten.	▪ It was so funny that we had to **laugh**.
mögen, **mag, mochte, hat gemocht** *v-irr*	to like
▪ **Magst** du Kartoffelbrei?	▪ Do you **like** mashed potato?
etw. gern tun *phrase*	to like doing sth.
▪ Robert **fährt gern** bei lauter Musik mit seinem Auto **herum**.	▪ Robert **likes driving around** in his car listening to loud music.
Lieblings- *n*	favourite
▪ Was ist deine **Lieblings**popgruppe?	▪ What's your **favourite** pop group?
nicht leiden können *phrase*	can't stand
▪ Ich **kann** es **nicht leiden**, wenn Menschen arrogant sind.	▪ I **can't stand** it when people are arrogant.
die **Überraschung,** **Überraschungen** *n*	surprise
▪ Zu meiner **Überraschung** hatte mein Freund eine Party organisiert.	▪ To my **surprise** my boyfriend had organized a party.
langweilig *adj*	boring
▪ In dieser Stadt ist nicht viel los, es ist so **langweilig**.	▪ Nothing much happens in this town, it's so **boring**.
die **Angst, Ängste** *n*	fear
▪ Amy hat **Angst** vor Insekten aller Art.	▪ Amy has a **fear** of insects of all kinds.
sich fürchten *v*	to be afraid
▪ Es gibt keinen Grund, **sich** vor Spinnen zu **fürchten**.	▪ There's no need to **be afraid** of spiders.
sich Sorgen machen *phrase*	to worry
▪ **Mach dir keine Sorgen**! Alles wird gut.	▪ **Don't worry**! Everything will be all right.
weinen *v*	to cry
▪ Lydia **weinte**, als ihr Lieblingsschauspieler starb.	▪ Lydia **cried** when her favourite film star died.

traurig *adj*
- Als wir „Titanic" sahen, wurden wir alle ein wenig **traurig**.

sad
- Watching "Titanic" made us all a bit **sad**.

allein *adj*
- Plötzlich war Sarah ganz **allein** in diesem riesigen Schloss.

alone
- Suddenly Sarah was all **alone** in that huge castle.

Sensory Impressions

sehen, sieht, sah, hat gesehen *v-irr*
- Es war so dunkel, dass wir nichts **sehen** konnten.

to see
- It was so dark that we couldn't **see** anything.

nachsehen *v-sep-irr*
- Habe ich den Herd ausgeschaltet? Könntest du **nachsehen**?

to go and check
- Did I turn off the cooker? Could you **go and check**?

schauen *v*
- Wir wollten nichts kaufen. Wir **schauten** nur.

to look
- We didn't want to buy anything. We **were** just **looking**.

anschauen *v-sep*
- Wir gingen zum Zeitungskiosk, um uns die Zeitschriften **anzuschauen**.

to look at
- We went to the newsstand to **look at** the magazines.

der **Blick, Blicke** *n*
- Sie warf mir einen wütenden **Blick** zu, als ich Stefan küsste.

look
- She gave me an angry **look** when I kissed Stefan.

hören *v*
- Es war so laut, dass Michael nichts **hören** konnte.

to hear
- There was so much noise that Michael couldn't **hear** anything.

das **Geräusch, Geräusche** *n*
- Kevin hörte ein **Geräusch** im Zimmer, sah aber nichts.

sound
- Kevin heard a **sound** in the room but he didn't see anything.

der **Lärm** *n*
- Ich kann nicht schlafen bei all dem **Lärm**.

noise
- I can't sleep with all that **noise**.

berühren *v*
- Bitte **berühren** Sie nichts, bevor die Polizei kommt.

to touch
- Do not **touch** anything before the police arrive.

der **Geruch,** Geruche *n*
- Ich mag den **Geruch** von Hyazinthen nicht.

smell
- I don't like the **smell** of hyacinths.

riechen,
riecht, roch, hat gerochen *v-irr*
- Wenn Fisch schlecht **riecht,** dann ist er nicht mehr frisch.

to smell
- When fish **smells** bad, it's no longer fresh.

duften *v*
- Diese Rosen **duften** sehr angenehm.

to be fragrant
- These roses **are** very **fragrant**.

stinken, stinkt, stank,
hat gestunken *v-irr*
- Nach der Party **stank** die ganze Wohnung nach Zigaretten.

to stink
- After the party the whole flat **stank** of cigarettes.

Speaking Situations

Conversations

das **Gespräch,** Gespräche *n*
- Die Tagung sollte Zeit für private **Gespräche** einräumen.

conversation
- The conference should allow time for private **conversations**.

sprechen, spricht, sprach,
hat gesprochen *v-irr*
- Ich möchte bitte mit dem Manager **sprechen**.
- Wir müssen über dieses Problem **sprechen**.

to speak; to talk

- I'd like to **speak** to the manager, please.
- We need to **talk** about this problem.

sagen *v*
- **Hat** er das wirklich **gesagt?**
- Ich kann dir nicht **sagen,** wie froh ich bin, dich zu sehen.

to say; to tell
- **Did** he really **say** that?
- I can't **tell** you how glad I am to see you.

die **Rede,** Reden *n*
- Gestern Abend hielt der neue Präsident eine eindrucksvolle **Rede**.

speech
- The new president gave an impressive **speech** last night.

reden *v*
- Leonard **redet** immer davon, mir das Geld zurückzuzahlen.

to talk
- Leonard's always **talking** about paying me the money back.

die **Erklärung, Erklärungen** *n*
- Die Polizei hat keine **Erklärung** für seine Motive.

explanation
- The police have no **explanation** for his motives.

erklären *v*
- Kannst du mir **erklären**, was dieses Wort bedeutet?

to explain
- Can you **explain** to me what this word means?

erzählen *v*
- Nicole **erzählt** ihren Kindern eine Geschichte.

to tell
- Nicole is **telling** her children a story.

rufen, ruft, rief, hat gerufen *v-irr*
- Martin **rief** ihren Namen, aber sie hörte ihn nicht.

to call
- Martin **called** her name but she didn't hear him.

das **Schweigen** *n*
- Ich traute mich nicht, das **Schweigen** zu brechen.

silence
- I didn't dare break the **silence**.

schweigen, schweigt, schwieg, hat geschwiegen *v-irr*
- Sie haben das Recht zu **schweigen**.

to remain silent
- You have the right **to remain silent**.

still *adj*
- Seid **still**! Ich versuche mich zu konzentrieren.

quiet
- Be **quiet**! I'm trying to concentrate.

Questions, Requests and Answers

die **Frage,** Fragen *n*
- Ich habe ihn gefragt, aber er hat meine **Frage** nicht beantwortet.

question
- I asked him but he didn't answer my **question**.

fragen *v*
- Michael **fragte** mich, ob ich einen Spaziergang machen wolle.

to ask
- Michael **asked** me if I wanted to go for a walk.

bitten, bittet, bat, hat gebeten *v-irr*
- Mein Bruder **bat** mich, seine CDs zurückzugeben.

to ask
- My brother **asked** me to return his CDs.

die **Antwort,** Antworten *n*
- Wenn Sie mich fragen, ist die **Antwort** Ja.
- Jan hatte vom Schulleiter persönlich eine **Antwort** erhalten.

answer; reply
- If you're asking me, the **answer** is yes.
- Jan got a **reply** from the head teacher himself.

antworten *v*
- Der Polizist hat zweimal gefragt, aber er **hat** nicht **geantwortet**.
- Er hat eine E-Mail geschickt und sie **haben** sofort **geantwortet**.

to answer; to reply
- The policeman asked twice, but he didn't **answer**.
- He sent an e-mail, and they **replied** immediately.

beantworten *v*
- **Haben** Sie alle Fragen auf dem Formular **beantwortet**?

to answer
- Did you **answer** all the questions on the form?

ja *adv*
- Sind Sie Australier? – **Ja**.

yes
- Are you Australian? – **Yes**, I am.

doch *adv*
- Sie ist nicht 80 Jahre alt. – Oh **doch**, sie ist 80.

yes
- She's not 80 years old. – Oh **yes**, she is 80.

➡ The word **doch** is used in German when answering a negative question with **yes**.

nein *adv*
- Wohnen Sie hier? – **Nein**.

no
- Do you live here? – **No**, I don't.

nicht *adv*
- Du bist **nicht** alt genug, um ein Auto zu fahren.

not
- You are **not** old enough to drive a car.

bitte *interj*
- Könntest du mir **bitte** die Butter herüberreichen?

please
- Could you pass me the butter, **please**?

Wie bitte? *interj* | Pardon?; Sorry?

Würden Sie bitte …? *phrase* | Would you …, please?

Würdest du bitte …? *phrase* | Would you …, please?

danken *v*
- Richard **dankte** ihnen für ihre Gastfreundschaft.

to thank
- Richard **thanked** them for their hospitality.

sich bedanken *v*
- Ich möchte **mich** bei dir **bedanken** für alles, was du getan hast.

to say thank you
- I would like to **say thank you** for everything you've done.

Danke (schön)! *interj* | Thank you!

Vielen (herzlichen) Dank! *interj* | Thank you (very much)!

Keine Ursache! *interj* | You're welcome!

➡ Other ways of saying **You're welcome** in German are **Bitte!**, **Bitte schön!** und **Gern geschehen!**

Entschuldigung. *interj* | Excuse me.

Entschuldigung! *interj* | Sorry!

wollen, will, wollte, hat gewollt *v-irr*
- Tim **wollte** gehen, aber sie baten ihn zu bleiben.
- Tut mir leid, ich **wollte** dir nicht wehtun.

to want; to mean
- Tim **wanted** to leave but they asked him to stay.
- Sorry, I didn't **mean** to hurt you.

der **Wunsch, Wünsche** *n*
- Sie hat nur einen **Wunsch**: ein erfülltes Leben zu leben.

wish
- She's only got one **wish**: to live a fulfilled life.

wünschen *v*
- Ich **wünsche** dir frohe Weihnachten!

to wish
- I **wish** you a merry Christmas!

versprechen *v-irr*
- Ihre Eltern **haben** ihr ein Auto **versprochen**, wenn sie besteht.

to promise
- Her parents have **promised** her a car if she passes.

Orders and Prohibitions

der Befehl, Befehle *n* — order
- Robert ist daran gewöhnt, **Befehle** zu empfangen.
- Robert is used to receiving **orders**.

befehlen, befiehlt, befahl, hat befohlen *v-irr* — to order
- Der Feldwebel **befahl** seinen Männern, disziplinierter zu sein.
- The sergeant **ordered** his men to be more disciplined.

die Erlaubnis, Erlaubnisse *n* — permit
- Wir brauchen eine **Erlaubnis**, um in den Park zu fahren.
- We need a **permit** to enter the park.

erlauben *v* — to allow
- Der Vermieter **erlaubt** keine Haustiere in der Wohnung.
- The landlord doesn't **allow** pets in the flat.

die Genehmigung, Genehmigungen *n* — permission
- Vor der Landung muss der Pilot die **Genehmigung** einholen.
- Before landing the pilot has to ask for **permission**.

dürfen, darf, durfte, hat gedurft *v-irr* — to be allowed to
- Sie **dürfen** hier drinnen nicht rauchen.
- You're not **allowed** to smoke in here.

in Ordnung *phrase* — all right
- Alles ist **in Ordnung**. Wir können jetzt nach Hause gehen.
- Everything is **all right**. We can go home now.

das Verbot, Verbote *n* — ban
- Die Aktivisten forderten ein **Verbot** von Motorfahrzeugen.
- The activists demanded a **ban** on motor vehicles.

verbieten *v-irr* — to prohibit
- Abfall herumliegen zu lassen, **ist** hier strengstens **verboten**.
- Dropping litter **is** strictly **prohibited** here.

hindern *v* — to prevent
- Wir **wurden** daran **gehindert**, unsere Reise fortzusetzen.
- We **were prevented** from continuing our journey.

Discussions and Agreements

die **Diskussion,** Diskussionen *n*
- Ich habe eine interessante **Diskussion** über neue Gesetze gesehen.

discussion
- I watched an interesting **discussion** about some new laws.

diskutieren *v*
- Die Gäste **werden** über das Problem der Drogensucht **diskutieren**.

to discuss
- The guests **will discuss** the problem of drug addiction.

die **Meinung,** Meinungen *n*
- Meiner **Meinung** nach sind ihre Bücher langweilig.

opinion
- In my **opinion** her books are boring.

meinen *v*
- **Meinen** Sie mich? – Ja, ich **meine** Sie.

to mean
- Do you **mean** me? – Yes, I **mean** you.

der **Rat** *n*
- Ich möchte dir einen guten **Rat** geben.

advice
- Let me give you a piece of good **advice**.

die **Empfehlung,** Empfehlungen *n*
- Jack ignorierte meine **Empfehlung**, mit dem Rauchen aufzuhören.

recommendation
- Jack ignored my **recommendation** to stop smoking.

die **Einigung,** Einigungen *n*
- Sie kamen zu einer **Einigung** über den Schutz der Wale.

agreement
- They reached an **agreement** on protecting whales.

einverstanden sein *phrase*
- Ich **bin einverstanden**, dass etwas getan werden muss.

to agree
- I **agree** with you that something must be done.

Einverstanden! *interj*

Okay!

In Ordnung! *interj*

Okay!

akzeptieren *v*
- Ich habe Phillipp gesagt, wir **würden** seinen Vorschlag **akzeptieren**.

to accept
- I told Phillipp we'**d accept** his proposal.

überzeugen *v*
- Er **überzeugte** mich nicht, dass er der Richtige dafür ist.

to convince
- He didn't **convince** me that he is the right man for it.

recht haben *phrase*
- Peter ist so ein Besserwisser. Er muss immer **recht haben**.

to be right
- Peter is such a know-all. He always has to **be right**.

Discussions and Agreements

unrecht haben *phrase*
- Ich denke, dieses Mal **hast** du **unrecht**. Sie ist älter als ich.

to be wrong
- I think this time you**'re wrong**. She is older than me.

klar *adj*
- Eines ist **klar**: Er starb nicht infolge eines Kampfes.

clear
- One thing is **clear**: he did not die as the result of a fight.

genau *adj*
- Der Junge führte die Polizei an **genau** die Stelle.

exact
- The boy led the police to the **exact** spot.

wichtig *adj*
- Eine gute Ernährung ist **wichtig**, wenn man gesund bleiben möchte.

important
- A good diet is **important** if you want to stay healthy.

unwichtig *adj*

unimportant

die **Kritik, Kritiken** *n*
- Ein Politiker muss offen für **Kritik** sein.

criticism
- A politician must be open to **criticism**.

kritisieren *v*
- Jeder hat das Recht, die Regierung zu **kritisieren**.

to criticize
- Everybody has the right to **criticize** the government.

das heißt *phrase*
- Wir müssen Geld sparen. **Das heißt**, wir müssen weniger ausgeben.

that is to say
- We need to save money. **That is to say**, we need to spend less.

zum Beispiel *phrase*
- In Australien gibt es viele Tiere, **zum Beispiel** das Känguru.

for example
- There are many animals in Australia, **for example** the kangaroo.

gegen *prep*
- Karl ist **gegen** jede Art von Gewalt.

against
- Karl is **against** violence of any kind.

Conflicts

der **Streit**, Streite *n*	argument
▪ Sie hatten einen **Streit** über sein ständiges Fremdgehen.	▪ They got into an **argument** about his constantly two-timing her.
streiten, streitet, stritt, hat gestritten *v-irr*	to argue
▪ Sie **streiten** darüber, welches Programm sie anschauen wollen.	▪ They **are arguing** about which programme they want to watch.
die **Wut** *n*	rage
▪ Papa geriet in heftige **Wut**, als er das zerbrochene Fenster sah.	▪ Dad flew into a **rage** when he saw the broken window.
wütend *adj*	angry
▪ Ich werde **wütend**, wenn du mir nicht zuhörst!	▪ I'll be **angry** if you don't listen to me.
der **Zorn** *n*	wrath
▪ Er fürchtete sich vor dem **Zorn** seines Bruders.	▪ He feared the **wrath** of his brother.
zornig *adj*	angry
▪ Mein Fahrlehrer wird sehr **zornig**, wenn ich wieder zu spät komme.	▪ My driving instructor will be very **angry** if I'm late again.
der **Ärger** *n*	trouble
▪ Im Winter habe ich oft **Ärger** mit meinem Wagen.	▪ In winter I often have **trouble** with my car.
ärgerlich *adj*	annoying
▪ Es ist wirklich **ärgerlich**, dass du dein Handy verloren hast.	▪ It's really **annoying** that you've lost your mobile.
verärgert *adj*	upset
▪ Gina war wirklich **verärgert** über die Entscheidung der Jury.	▪ Gina was really **upset** about the decision of the jury.
sich aufregen *v-sep*	to get upset
▪ Paula **hat sich** sehr **aufgeregt**, als sie die Nachricht erfuhr.	▪ Paula **got** very **upset** when she heard the news.
schreien, schreit, schrie, hat geschrien *v-irr*	to shout
▪ Es gibt keinen Grund zu **schreien**. Ich bin nicht taub.	▪ There's no need to **shout**. I'm not deaf.

sauer *adj*	annoyed
▪ Wir waren wirklich **sauer** auf ihn, als er uns das sagte.	▪ We got really **annoyed** with him when he told us that.
stören *v*	to bother; to disturb
▪ Es **stört** mich wirklich, dass sie immer vor unserem Haus parken.	▪ It really **bothers** me that they always park in front of our house.
▪ **Störe** sie nicht, wenn sie arbeitet.	▪ Don't **disturb** her when she's working.
sich beschweren *v*	to complain
▪ Unsere Nachbarn sind häufig laut, aber wir **beschweren uns** nicht.	▪ Our neighbours are often noisy, but we don't **complain**.
j-m etw. übel nehmen *phrase*	to hold sth. against sb.
▪ Ich kann es ihm nicht **übel nehmen**. Er ist jung und unerfahren.	▪ I can't **hold** it **against** him. He's young and inexperienced.

Greeting and Taking Leave

Hallo! *interj*	Hello!; Hi!
Guten Tag! *interj*	Good afternoon!

➡ You can often hear different greetings being used in different parts of Germany, or in Austria and Switzerland: **Grüß Gott!**, **Servus** (in Southern Germany/Austria), **Grüezi** (in Switzerland) and **Moin, Moin!** (in Northern Germany) are often used instead of **Guten Tag!** or **Hallo!**

Guten Morgen! *interj*	Good morning!
Guten Abend! *interj*	Good evening!
Gute Nacht! *interj*	Good night!
Auf Wiedersehen!; Auf Wiederluege! *CH interj*	Goodbye!
Tschüss! *interj*	Bye!

➡ When saying goodbye in German you can choose between the following: **(Auf) Wiedersehen!** (polite and neutral), **Tschüs(s)!** (among friends) or **Bis bald!** (neutral).

Bis dann! *interj*	See you!
Bis später! *interj*	See you later!
Bis morgen! *interj*	Till tomorrow!

Willkommen! *interj*	Welcome!
Herein! *interj*	Come in!
Sehr erfreut! *interj*	Nice to meet you.
Schönen Tag! *interj*	Have a nice day!

Common Phrases

Wie geht es Ihnen? *phrase*	How are you?
Wie geht es dir? *phrase*	How are you?
Wie geht's? *phrase*	
Danke, gut. *phrase*	Fine, thank you.
Möchten Sie …? *phrase*	Would you like to …?
Möchtest du …? *phrase*	Would you like to …?
Könnten Sie … ? *phrase*	Could you … ?
Könntest du … ? *phrase*	Could you … ?
Kann ich Ihnen helfen? *phrase*	Can I help you?
Kann ich dir helfen? *phrase*	Can I help you?
Nehmen Sie doch bitte Platz! *phrase*	Have a seat, please.
Bedienen Sie sich! *phrase*	Please, help yourself.
Bedien dich! *phrase*	Please, help yourself.
Ja, gern. *phrase*	Yes, please.
Hoffentlich! *interj*	Hopefully!
Alles klar! *interj*	All right.
Was ist los? *phrase*	What's the matter?
Das macht nichts. *phrase*	That doesn't matter.

Actions and Behaviour

General Activities

tun, tut, tat, hat getan *v-irr*
- Ich habe heute Morgen viel zu **tun**.

to do
- I've got a lot of things to **do** this morning.

machen *v*
- Was **machst** du gerade? – Ich mache das Frühstück.
- Hast du dieses Kleid selbst **gemacht**?

to do; to make
- What **are** you **doing**? – I'm making breakfast.
- **Did** you **make** that dress yourself?

➡ The verb **tun** is often combined with adjectives to form phrases: **Das tut weh.** That hurts. **Das tut gut.** That feels good. Otherwise, the verb **machen** is generally the more common way of expressing **to do** in German: **Ich mache meine Hausaufgaben.** I'm doing my homework.

die **Sache,** Sachen *n*
- Könntest du mir in dieser **Sache** irgendeinen Rat geben?
- Lisa sammelte ihre **Sachen** auf und verließ das Zimmer.

matter; thing
- Could you give me any advice on this **matter**?
- Lisa gathered up her **things** and left the room.

das **Ding,** Dinge *n*
- Ich betrat das Kaufhaus, um ein paar **Dinge** zu kaufen.

thing
- I went into the department store to buy a few **things**.

die **Tätigkeit,** Tätigkeiten *n*
- Vielen Menschen in Altersheimen gibt man keine **Tätigkeiten**.

activity
- Many people in retirement homes don't do any kind of **activity**.

der **Gebrauch** *n*
- Der **Gebrauch** von elektrischen Geräten aller Art ist verboten.

use
- The **use** of any kind of electrical device is prohibited.

brauchen *v*
- Um das Haus zu streichen, **brauchst** du Farbe und eine Leiter.

to need
- To paint the house you will **need** paint and a ladder.

benutzen *v*
- Katrina **benutzt** einen Computer für ihre gesamte Korrespondenz.

to use
- Katrina **uses** a computer for all her correspondence.

legen *v*
- Will **legte** sich den Schal um den Hals.

to put
- Will **put** the scarf round his neck.

General Activities

stellen *v*
- **Stell** die Bücher zurück in den Bücherschrank!

to put
- **Put** the books back in the bookcase.

tragen,
trägt, trug, hat getragen *v-irr*
- Sie müssen ihr Gepäck selbst **tragen**.

to carry
- You have to **carry** your luggage yourself.

halten, hält, hielt, hat gehalten *v-irr*
- Könntest du bitte meine Tasche einen Moment lang **halten**?

to hold
- Could you **hold** my bag for a moment, please?

ziehen, zieht, zog, hat gezogen *v-irr*
- Dieser Koffer hat Räder, damit du ihn **ziehen** kannst.

to pull
- The suitcase has wheels so you can **pull** it.

drücken
- Schau auf das Schild! Du musst die Tür **drücken**.

to push
- Look at the sign. You have to **push** the door.

drehen *v*
- Um die Tür fest zu verschließen, **dreh** den Schlüssel zweimal um.

to turn
- To lock the door securely, **turn** the key twice.

suchen *v*
- Ich **suche** meinen Schlüssel, kann ihn aber nicht finden.

to look for
- I **am looking for** my key, but I can't find it.

finden,
findet, fand, hat gefunden *v-irr*
- Jemand hat die Uhr gefunden, die du **verloren hast**.

to find
- Someone **found** the watch you lost.

lassen, lässt, ließ, hat gelassen *v-irr*
- Alex **lässt** seinen Wagen oft in der Garage und nimmt das Fahrrad.
- **Lass** den Hund nicht raus!

to leave; to let
- Alex often **leaves** his car in the garage and takes his bike.
- Don't **let** the dog out!

entfernen *v*
- Es ist nicht leicht, Graffiti von den Wänden zu **entfernen**.

to remove
- It isn't easy to **remove** graffiti from the walls.

beenden *v*
- Ich **habe** meine Arbeit vor einer Stunde **beendet**.
- Sie hat die Beziehung zu ihrem Freund **beendet**.

to finish; to end
- I **finished** my work an hour ago.
- She **ended** the relationship with her boyfriend.

General Activities

fertig *adj*
- Mein Aufsatz über den Klimawandel ist fast **fertig**.

finished
- My essay on climate change is almost **finished**.

sich fertig machen *phrase*
- Wir sollten **uns fertig machen**. Der Zug fährt in einer Stunde ab.

to get ready
- We should **get ready**. The train is leaving in an hour.

schlafen, schläft, schlief, hat geschlafen *v-irr*
- Nach einem langen Arbeitstag wollte ich nur noch **schlafen**.

to sleep
- After a long day at work I only wanted to **sleep**.

ins Bett gehen *phrase*
- Ich denke, die Kleine sollte vor acht **ins Bett gehen**.

to go to bed
- I think the little one should **go to bed** before eight.

müde *adj*
- Wenn die Kinder draußen spielen, werden sie später **müde** sein.

tired
- If the kids play outside, they'll be **tired** later.

wecken *v*
- Mein Hund **weckte** mich heute Morgen, weil er Hunger hatte.

to wake
- My dog **woke** me this morning because he was hungry.

stehen, steht, stand, hat gestanden *v–irr*
- Linda **steht** auf dem Bahnsteig und wartet auf den Zug.

to stand
- Linda **is standing** on the platform and is waiting for the train.

aufstehen *v-sep-irr*
- Sie **stand auf**, um zur Arbeit zu gehen.

to get up
- She **got up** to go to work.

fallen, fällt, fiel, ist gefallen *v-irr*
- Das Buch ist auf den Fußboden **gefallen**.

to fall
- The book has **fallen** on the floor.

Endeavours and Plans

der **Plan,** Pläne *n*
- Wir haben für heute Abend noch keine konkreten **Pläne**.

plan
- We have no definite **plans** for tonight yet.

planen *v*
- Lukas **plant**, seinen nächsten Urlaub in Spanien zu verbringen.

to plan
- Lukas **plans** to spend his next holiday in Spain.

vorhaben *v-sep-irr*
- Was **hast** du heute Abend **vor**? Ich weiß es noch nicht.

to plan
- **Have** you anything **planned** for this evening? I don't know yet.

der **Versuch,** Versuche *n*
- Dies ist mein letzter **Versuch**. Wenn das nicht geht, gebe ich auf.

attempt
- This is my last **attempt**. If it doesn't work I'll give up.

versuchen *v*
- Ich glaube nicht, dass du es schaffst, aber du kannst es **versuchen**.

to try
- I don't think you'll make it, but you can **try**.

sich bemühen *v*
- Ich **werde mich** wirklich **bemühen**, pünktlich zu sein.

to try hard
- I'll really **try hard** to be on time.

vorbereiten *v-sep*
- Sarah wird ihm dabei helfen, die Party **vorzubereiten**.

to prepare
- Sarah is going to help him **prepare** the party.

anstrengend *adj*
- Mein Beruf als Kassiererin kann manchmal **anstrengend** sein.

tiring
- My job as a cashier can be **tiring** at times.

die **Entscheidung,** Entscheidungen *n*
- Kommen wir zu einer **Entscheidung**.

decision
- Let's come to a **decision**.

entscheiden *v-irr*
- Ein Tor in der letzten Minute **entschied** das Spiel.

to decide
- A goal in the last minute **decided** the match.

sich entscheiden *v-irr*
- Helen **entschied sich**, ihre Mutter anzurufen.

to decide
- Helen **decided** to phone her mum.

sicher *adj*
- Ich glaube, sie haben geöffnet, aber ich bin nicht **sicher**.

certain
- I think they are open, but I'm not **certain**.

unsicher *adj*

uncertain

Help, Duty and Reliability

die **Hilfe, Hilfen** *n*
- Ich brauche deine **Hilfe** in dieser Angelegenheit.

help
- I need your **help** in this matter.

helfen, hilft, half, hat geholfen *v-irr*
- Einige Studenten **helfen** alten Menschen, die allein leben.

to help
- Some students **help** old people who live alone.

j-m helfen, etw. zu tun *phrase*
- Kannst du deiner Schwester **helfen**, den Müll hinauszutragen?

to help sb. (to) do sth.
- Can you **help** your sister put the rubbish out?

der **Gefallen, Gefallen** *n*
- Dürfte ich dich um einen **Gefallen** bitten?

favour
- Can I ask a **favour** of you?

j-m einen Gefallen tun *phrase*
- Würdest du mir **einen Gefallen tun** und mir dein Rad leihen?

to do sb. a favour
- Would you **do** me **a favour** and lend me your bike?

sich bereit erklären *phrase*
- Lauras Eltern **erklärten sich bereit**, ihre Fahrstunden zu bezahlen.

to agree to do sth.
- Laura's parents **agreed to** pay for her driving lessons.

die **Unterstützung, Unterstützungen** *n*
- Diese Wohlfahrtsorganisation braucht finanzielle **Unterstützung**.

support
- This charity needs financial **support**.

unterstützen *v*
- Die Zeitung **unterstützte** offen den Wahlkampf eines Kandidaten.

to support
- The newspaper openly **supported** one candidate's campaign.

Owning, Giving and Taking

haben, hat, hatte, hat gehabt *v-irr*
- Im Mai **habe** ich immer Heuschnupfen.
- Kevin **hat** viel Geld, aber keine Manieren.

to have; have got
- I always **have** hay fever in May.
- Kevin**'s got** lots of money but no manners.

bekommen *v-irr*
- Philipp hat gestern 20 E-Mails zum Geburtstag **bekommen**.

to get
- Philipp **got** 20 e-mails yesterday for his birthday.

der **Besitz,** Besitze *n*
- Johanna verkaufte all ihren **Besitz** und fuhr nach Indien.

property
- Johanna sold all her personal **property** and went to India.

besitzen *v-irr*
- Sie sind ziemlich wohlhabend. Sie **besitzen** drei Häuser.

to own
- They're fairly wealthy. They **own** three houses.

eigen *adj*
- Meine Großmutter backt ihr **eigenes** Brot.

own
- My grandmother bakes her **own** bread.

behalten *v-irr*
- Du kannst das Buch **behalten**, ich brauche es nicht.

to keep
- You can **keep** the book, I don't need it.

geben, gibt, gab, hat gegeben *v-irr*
- Ich **habe** meinem Nachbarn eine Flasche Wein für seine Hilfe **gegeben**.

to give
- I **gave** my neighbour a bottle of wine for his help.

zurückgeben *v-sep-irr*
- Ich muss diese Bücher bis spätestens Freitag **zurückgeben**.

to return
- I have to **return** these books to the library by Friday.

bringen, bringt, brachte, hat gebracht *v-irr*
- Der Postbote **brachte** heute dieses Paket.

to bring
- The postman **brought** this parcel today.

mitbringen *v-sep-irr*
- Kann ich meinen Freund zur Party **mitbringen**?

to bring
- Can I **bring** my boyfriend to the party?

Owning, Giving and Taking

nehmen, nimmt, nahm,
hat genommen *v-irr*
- Wir **nahmen** ein Taxi zum Flughafen.

to take
- We **took** a taxi to the airport.

mitnehmen *v-sep-irr*
- Ich **nehme** zum Wandern immer mein Schweizer Messer **mit**.

to take
- I always **take** my Swiss Army knife when I go hiking.

wegnehmen *v-sep-irr*
- Wer **hat** meine Schlüssel **weggenommen**?

to take
- Who **took** my keys?

holen *v*
- Könntest du mir eine Flasche Wasser aus der Küche **holen**?

to get
- Could you **get** me a bottle of water from the kitchen?

(ver)leihen, leiht, lieh,
hat geliehen *v-irr*
- Die Bank will mir kein Geld **leihen**, weil ich nicht genug verdiene.

to lend
- The bank won't **lend** me any money because I don't earn enough.

(sich) ausleihen *v-sep-irr*
- Kann ich **mir** bis morgen dein Fahrrad **ausleihen**?

to borrow
- Can I **borrow** your bike till tomorrow?

erhalten *v-irr*
- Ich habe es gestern abgeschickt und Martin **hat** es heute **erhalten**.

to receive
- I sent it yesterday, and Martin **received** it today.

annehmen *v-sep-irr*
- Ich **nehme** Ihre Einladung dankbar **an**.

to accept
- I gladly **accept** your invitation.

Body and Health

Body Parts and Organs

der **Körper,** Körper *n*	body
der **Kopf,** Köpfe *n*	head
die **Nase,** Nasen *n*	nose
das **Auge,** Augen *n*	eye
das **Ohr,** Ohren *n*	ear
der **Mund,** Münder *n*	mouth
der **Zahn,** Zähne *n*	tooth
die **Zunge,** Zungen *n*	tongue
der **Hals,** Hälse *n*	neck; throat
die **Lippe,** Lippen *n*	lip
die **Stirn,** Stirnen *n*	forehead
das **Gehirn,** Gehirne *n*	brain
die **Brust,** Brüste *n*	breast; chest
der **Bauch,** Bäuche *n*	belly
der **Rücken,** Rücken *n*	back
das **Gesäß,** Gesäße *n*	bottom; buttocks
der **Knochen,** Knochen *n*	bone
der **Arm,** Arme *n*	arm
die **Hand,** Hände *n*	hand
der **Finger,** Finger *n*	finger
das **Bein,** Beine *n*	leg
das **Knie,** Knie *n*	knee
der **Fuß,** Füße *n*	foot
das **Blut** *n*	blood
das **Herz,** Herzen *n*	heart

Illness and Physical Impairments

die **Gesundheit** *n*
- Mein Vater ist bei bester **Gesundheit**.

health
- My father is in good **health**.

gesund *adj*
- Der Chef wirkt äußerst **gesund** trotz seines Alters.

healthy
- The boss looks extremely **healthy** despite his age.

gesund werden *phrase*
- Emma war gestern krank, **ist** aber schnell wieder **gesund geworden**.

to recover
- Emma was ill yesterday, but she quickly **recovered**.

gut gehen *phrase*
- Mir **geht** es heute nicht **gut**.

to be well
- I'm not very **well** today.

schlecht gehen *phrase*
- Nach der Operation **geht** es ihr immer noch sehr **schlecht**.

be doing badly
- She **is** still **doing badly** after the operation.

die **Krankheit, Krankheiten** *n*
- Meine Tante starb nach langer **Krankheit**.

illness
- My aunt died after a long **illness**.

krank *adj*
- Ich war **krank** und musste zwei Wochen im Bett bleiben.

ill
- I was **ill** and had to stay in bed for a couple of weeks.

krank werden *phrase*
- Ich bin sehr gesund und **werde** fast nie **krank**.

to get ill
- I'm very healthy and hardly ever **get ill**.

leiden, leidet, litt, hat gelitten *v-irr*
- Michael **leidet** an Multipler Sklerose.

to suffer
- Michael **suffers** from multiple sclerosis.

körperlich *adj*
- Meine geistigen und **körperlichen** Fähigkeiten wurden getestet.

physical
- Both my mental and **physical** abilities were tested.

psychisch *adj*
- Er ist von Geburt an **psychisch** krank.

mentally
- He's been **mentally** ill since he was born.

die **Erkältung, Erkältungen** *n*

cold

Illness and Physical Impairments

sich erkälten *v* ▪ Niklas **erkältete sich**, weil er stundenlang im kalten Regen stand.	**to catch a cold** ▪ Niklas **caught a cold** standing in the cold rain for hours.
der **Husten** *n*	**cough**
husten *v* ▪ Wegen der Autoabgase musste ich **husten**.	**to cough** ▪ The exhaust fumes made me **cough**.
das **Fieber** *n*	**temperature**
die **Kopfschmerzen** *n m pl*	**headache**
die **Übelkeit** *n*	**sickness**
übel *adj* ▪ Leider kann ich heute nicht kommen. Mir ist so **übel**.	**sick to one's stomach** ▪ Unfortunately I can't come today. I feel so **sick to my stomach**.
schlecht *adj* ▪ Mir wird **schlecht**, wenn ich hinten im Auto sitze.	**sick** ▪ I feel **sick** when I sit in the back of a car.
der **Schmerz, Schmerzen** *n* ▪ Tobias spürte einen **Schmerz** in seinem Rücken, als er den Koffer hob.	**pain** ▪ Tobias felt a **pain** in his back when he lifted the suitcase.
schmerzen *v* ▪ Meine Schultern **schmerzen**. Könntest du sie massieren?	**to hurt** ▪ My shoulders **hurt**. Could you give them a massage?
wehtun *v-sep-irr* ▪ Mein Rücken **tut weh**, weil ich im Garten gearbeitet habe.	**to hurt** ▪ My back **hurts** from working in the garden.
(sich) verletzen *v* ▪ Tom fiel von der Leiter und **verletzte sich** am Bein.	**to hurt** ▪ Tom fell off the ladder and **hurt** his leg.
sich brechen, bricht, brach, hat gebrochen *v-irr* ▪ Ich **habe mir** beim Handballspielen den Arm **gebrochen**.	**to break** ▪ I **broke** my arm playing handball.
die **Wunde, Wunden** *n* ▪ Es ist nur eine kleine **Wunde**. Kein Grund zur Panik.	**wound** ▪ It's only a small **wound**. No reason to panic.

Illness and Physical Impairments

bluten *v*
- Mein Finger **blutete** stark, nachdem ich mich geschnitten hatte.

to bleed
- My finger **bled** heavily when I cut it.

---

die **Kraft**, Kräfte *n*
- Seit Jahren arbeitet Julia daran, ihre **Kraft** aufzubauen.

strength
- Julia's been working on building up her **strength** for years.

---

stark *adj*
- Ich bin nicht **stark** genug, diesen Koffer zu heben.

strong
- I'm not **strong** enough to lift this suitcase.

---

schwach *adj*
- Ich fühlte mich **schwach** und müde nach der Wanderung.

weak
- I felt **weak** and tired after the hike.

---

bewusstlos *adj*
- Wie lange war er **bewusstlos**?

unconscious
- How long was he **unconscious**?

---

in Ohnmacht fallen *phrase*
- Barbara **fiel in Ohnmacht**, als man ihr die Nachricht überbrachte.

to faint
- Barbara **fainted** when they broke the news to her.

---

der **Schock**, Schocks *n*

shock

---

der **Behinderte**,
die **Behinderte**, Behinderten *n m-f*
- Die Toilette ist für **Behinderte** konzipiert.

disabled person

- The toilet is designed to be used by a **disabled person**.

---

behindert *adj*
- Seit einem Autounfall vor einem Jahr ist Lena **behindert**.

disabled
- Lena has been **disabled** since having a car accident a year ago.

---

rauchen *v*
- Jonas hat vor zwei Wochen aufgehört zu **rauchen**.

to smoke
- Jonas stopped **smoking** two weeks ago.

---

betrunken *adj*
- Michael war sehr **betrunken**, als er gestern Abend nach Hause kam.

drunk
- Michael was very **drunk** when he came home last night.

Medical Examinations and Hospital

das **Krankenhaus,** Krankenhäuser *n*	hospital
die **Klinik,** Kliniken *n*	clinic
der **Patient,** die **Patientin,** Patienten *n*	patient
die **Untersuchung,** Untersuchungen *n*	examination
▪ Ich musste mich einer medizinischen **Untersuchung** unterziehen.	▪ I had to undergo a medical **examination**.
untersuchen *v*	to examine
▪ Dominik **wurde** von einer Ärztin **untersucht**.	▪ Dominik **was examined** by a woman doctor.
die **Behandlung,** Behandlungen *n*	treatment
▪ Ich erhielt eine **Behandlung** gegen meine Schwindelanfälle.	▪ I received **treatment** for my dizzy spells.
behandeln *v*	to treat
▪ Annas Symptome **wurden** von einem Spezialisten **behandelt**.	▪ Anna's symptoms **were treated** by a specialist.
medizinisch *adj*	medical
▪ Sie darf aus **medizinischen** Gründen keinen Alkohol trinken.	▪ She can't drink alcohol for **medical** reasons.
die **Operation,** Operationen *n*	operation
▪ Ich hatte eine **Operation** am Bein.	▪ I had an **operation** on my leg.
operieren *v*	to operate
▪ Wir müssen Sie leider am Magen **operieren**.	▪ I'm afraid we'll have to **operate** on your stomach.
das **Rezept,** Rezepte *n*	prescription
▪ Der Arzt gab Felix ein **Rezept** gegen seinen Husten.	▪ The doctor gave Felix a **prescription** for his cough.
verschreiben *v-irr*	to prescribe
▪ Dieses Medikament **wurde** ihr von ihrem Arzt **verschrieben**.	▪ This drug **was prescribed** by her doctor.
die **Sprechstunde,** Sprechstunden *n*	surgery hours
▪ Die **Sprechstunde** ist von 8 bis 13 Uhr.	▪ **Surgery hours** are from 8 am to 1 pm.

die **Praxis**, Praxen *n*	surgery
die **Medizin**, Medizinen *n*	medicine
das **Medikament**, Medikamente *n*	medication
die **Tablette**, Tabletten *n*	pill

Emergencies

die **Gefahr**, Gefahren *n*
- Während und nach dem Erdbeben waren sie in großer **Gefahr**.

danger
- During and after the earthquake they were in great **danger**.

gefährlich *adj*
- Es ist ziemlich **gefährlich**, von dieser Klippe herunterzuspringen.

dangerous
- It's quite **dangerous** to jump off this cliff.

der **Unfall**, Unfälle *n*

accident

der **Brand**, Brände *n*

blaze

sich verbrennen *v-irr*
- Ich habe mir fast die Hand **verbrannt**, als ich es anfasste.

to burn
- I almost **burnt** my hand when I touched it.

der **Zusammenstoß**, Zusammenstöße *n*

collision; crash

zusammenstoßen *v-sep-irr*
- Zwei U-Boote **stießen** im Nordatlantik **zusammen**.
- Der Personenzug **stieß** mit dem Güterzug **zusammen**.

to collide; to crash
- Two submarines **collided** in the North Atlantic.
- The local train **crashed** into the freight train.

abstürzen *v-sep*
- Das Flugzeug **stürzte** gleich nach dem Start **ab**.

to crash
- The plane **crashed** right after take-off.

retten *v*
- Alles Erdenkliche sollte getan werden, um die Gorillas zu **retten**.
- Minuten bevor das Schiff sank, **wurde** die Crew **gerettet**.

to save; to rescue
- Everything imaginable should be done to **save** the gorillas.
- The crew **was rescued** minutes before the ship sank.

überleben *v*
- Nur drei Seeleute **überlebten** den Zusammenstoß.

to survive
- Only three sailors **survived** the collision.

um Hilfe rufen *phrase*
- Der Junge brach ins Eis ein und seine Freunde **riefen um Hilfe**.

to call for help
- The boy fell through the ice and his friends **called for help**.

Vorsicht!
- **Vorsicht!** Da kommt ein Auto.

Look out!
- **Look out!** There's a car coming.

➡ In German you shout **Achtung!** or **Vorsicht!** to warn somebody of danger. If it's you who is in need of assistance, then you shout **Hilfe!**

die **Polizei, Polizeien** *n*	police
die **Feuerwehr, Feuerwehren** *n*	fire brigade
der **Rettungsdienst, Rettungsdienste** *n*	rescue service
der **Krankenwagen, Krankenwagen** *n*	ambulance
der **Alarm, Alarme** *n*	alarm
die **Notrufnummer, Notrufnummern** *n*	emergency number

Personal Hygiene

sich waschen *v-irr*
- Simon stand auf, **wusch sich** und verließ eilends das Haus.

to wash
- Simon got up, **washed** and left the house in a hurry.

duschen *v*
- Warum klingelt das Telefon immer dann, wenn ich **dusche**?

to have a shower
- Why does the phone always ring when I'**m having a shower**?

baden *v*
- Ich **badete** gerade, als der Postbote an der Tür klopfte.

to have a bath
- I **was** just **having a bath** when the postman knocked at the door.

abtrocknen *v-sep*
- Gibst du mir bitte das Handtuch? Ich möchte mich **abtrocknen**.

to dry
- Could you hand me the towel? I want to **dry** myself.

(sich) kämmen v • Bitte **kämm** deine Haare, bevor du das Haus verlässt.	**to comb** • Please **comb** your hair before you leave the house.
bürsten v • Könntest du deine Haare nicht wenigstens einmal am Tag **bürsten**?	**to brush** • Could you **brush** your hair at least once a day?
Zähne putzen *phrase* • Warum nutzt du nicht die Werbepause, um dir die **Zähne** zu **putzen**?	**to brush one's teeth** • Why don't you use the commercial break to **brush your teeth**?
sich rasieren v • Mein Bart wächst schnell. Ich muss **mich** zweimal am Tag **rasieren**.	**to shave** • My beard grows quickly. I have to **shave** twice a day.
das **Shampoo,** Shampoos *n*	shampoo
das **Duschgel,** Duschgele *n*	shower gel
die **Seife,** Seifen *n*	soap
die **Creme,** Cremes *n*	cream
der **Kamm,** Kämme *n*	comb
die **Haarbürste,** Haarbürsten *n*	hairbrush
die **Zahnbürste,** Zahnbürsten *n*	toothbrush
die **Zahnpasta,** Zahnpasten *n*	toothpaste
der **Rasierapparat,** Rasierapparate *n*	razor
das **Taschentuch,** Taschentücher *n*	handkerchief; tissue
das **Parfum,** Parfums *n*	perfume

Education

Learning

lernen *v*
- Ich würde gern Russisch **lernen**, aber ich habe nicht genug Zeit.
- **Hast** du für deinen Grammatiktest **gelernt**?

to learn; to study
- I'd love to **learn** Russian, but I don't have enough time.
- **Have** you **studied** for your grammar test?

studieren *v*
- Annika **hat** Medizin **studiert**.

to study
- Annika **studied** medicine.

das **Wissen** *n*
- Meines **Wissens** schreiben wir keinen Test am nächsten Montag.

knowledge
- To my **knowledge**, we don't have a test next Monday.

wissen, weiß, wusste, hat gewusst *v-irr*
- **Weißt** du etwas über Indianergrabstätten?

to know
- Do you **know** anything about Indian burial sites?

verstehen *v-irr*
- Tut mir leid, ich **habe** nicht **verstanden**, was Sie gesagt haben.
- **Hast** du **verstanden**, was sie gesagt hat?

to catch; to understand
- Sorry, I didn't **catch** what you said.
- **Did** you **understand** what she said?

das **Interesse, Interessen** *n*
- Die Studenten hörten dem Professor mit **Interesse** zu.

interest
- The students listened to the lecturer with **interest**.

interessiert *adj*
- Ich wäre sehr daran **interessiert**, deine Hausarbeit zu lesen.

interested
- I'd be very **interested** to read your assignment.

interessant *adj*
- Shilpa belegt einen **interessanten** Kurs.

interesting
- Shilpa is taking an **interesting** course.

sich interessieren für *phrase*
- Plötzlich **interessierte** er **sich für** unsere Diskussion.

to take an interest in
- He suddenly **took an interest in** our discussion.

Learning

der Kurs, Kurse *n*
- Nächstes Jahr werde ich einen **Kurs** in Chinesisch belegen.

course
- I'm going to take a **course** in Chinese next year.

die Lektion, Lektionen *n*
- Die erste **Lektion** ist immer sehr einfach.

lesson
- The first **lesson** is always very easy.

das Beispiel, Beispiele *n*
- Was würden Sie zum **Beispiel** vorschlagen?

example
- What would you suggest, for **example**?

die Übung, Übungen *n*
- Ich bin völlig außer **Übung**.
- Unsere Lehrerin bat uns, **Übung** 14 als Hausaufgabe zu machen.

practice; exercise
- I'm totally out of **practice**.
- Our teacher asked us to do **exercise** 14 for homework.

üben *v*
- Wenn du den Wettkampf gewinnen willst, musst du viel **üben**.

to practise
- If you want to win the competition, you need to **practise** a lot.

wiederholen *v*
- Wenn man die Prüfung nicht besteht, kann man sie **wiederholen**.

to repeat
- If you fail the test, you can **repeat** it.

das Heft, Hefte *n*
- Bitte übertragt die Übungen 2 und 4 in euer **Heft**.

exercise book
- Please copy exercises 2 and 4 into your **exercise book**.

die Seite, Seiten *n*
- Bitte schlagt eure Bücher auf **Seite** 125 auf.

page
- Please open your books at **page** 125.

richtig *adj*
- Du hast die Sache gut gemacht: neun von zehn Fragen sind **richtig**.
- Das ist die **richtige** Antwort.

correct; right
- You did a good job: nine out of ten answers are **correct**.
- That's the **right** answer.

falsch *adj*
- Ich glaube, ich habe es ganz **falsch** gemacht.

wrong
- I think I've done it all **wrong**.

der Fehler, Fehler *n*
- Der Artikel war voller **Fehler**.

mistake
- The article was full of **mistakes**.

einen Fehler machen *phrase*
- **Mach** nie denselben **Fehler** zweimal!

to make a mistake
- Never **make** the same **mistake** twice.

sich irren *v*
- Nick **irrt sich**. Die Antwort ist 26.

to be wrong
- Nick **is wrong**. The answer is 26.

die Prüfung, Prüfungen *n*
- Ihr werdet eine **Prüfung** ablegen müssen, um den Kurs zu bestehen.
- Die **Prüfung** in Mathematik beginnt um 9 Uhr.

test; examination
- You'll have to take a **test** to pass the course.
- The maths **examination** begins at 9 am.

➡ You can also say **der Test** in German to mean a **test**.

der Abschluss, Abschlüsse *n*
- Man muss einen **Abschluss** in Informatik haben.

degree
- You must have a **degree** in computer science.

das Zeugnis, Zeugnisse *n*
- Sie bekommen ein **Zeugnis**, nachdem Sie den Test bestanden haben.

certificate
- You'll get a **certificate** after you've passed the test.

die Note, Noten *n*
- Welche **Note** hast du im letzten Vokabeltest bekommen?

mark
- What **mark** did you get in the latest vocabulary test?

sich verbessern *v*
- Glaubst du, mein Deutsch **hat sich verbessert**?

to improve
- Do you think my German **has improved**?

die Sorgfalt *n*
- Harry macht seine Arbeit mit größter **Sorgfalt**.

care
- Harry takes the utmost **care** over his work.

gut *adj*
- Mario spricht **gutes** Englisch.

good
- Mario speaks **good** English.

besser *adj*
- Bernhards Deutsch wäre **besser**, wenn er Deutschland besuchen würde.

better
- Bernhard's German would be **better** if he visited Germany.

am besten *adj*
- Welches der beiden Bücher gefiel dir **am besten**?

best
- Which of the two books did you like **best**?

gut *adv*
- Oliver spricht **gut** Deutsch, kann es aber kaum schreiben.

well
- Oliver speaks German **well** but he can hardly write it.

schlecht *adj*
- Hast du eine **schlechte** Note für dein Referat bekommen?

bad
- Did you get a **bad** mark on your report?

leicht *adj*
- Deutschen fällt es **leichter**, Englisch zu lernen als Französisch.

easy
- Germans find it **easier** to learn English than French.

einfach *adj*
- Es war ein ziemlich **einfacher** Test.
- Es ist eine **einfache** Frage, aber ich kann sie nicht beantworten.

easy; simple
- It was quite an **easy** test.
- It is a **simple** question, but I can't answer it.

schwer *adj*
- Einige der Prüfungsfragen waren wirklich **schwer**.

hard
- Some of the questions on the exam paper were really **hard**.

schwierig *adj*
- Fangen wir mit einer leichten Frage an, und dann kommt eine **schwierige**.

difficult
- Let's begin with an easy question, and then a **difficult** one.

das **Problem, Probleme** *n*
- Die Fahrprüfung stellte keinerlei **Problem** für mich dar.
- Das ist das **Problem**: Tim will nicht auf die Universität gehen.

problem; trouble
- The driving test didn't pose any **problems** at all.
- That's the **trouble**: Tim doesn't want to go to university.

die **Anmeldung, Anmeldungen** *n*
- Die **Anmeldung** für diesen Kurs ist am 1. März.

registration
- **Registration** for this course is on March 1st.

sich anmelden *v-sep*
- Wo **meldet** man **sich** für den Kurs **an**?

to register
- Where do you **register** for the course?

besuchen *v*
- Welche Universität **haben** Sie **besucht**?

to attend
- Which university did you **attend**?

anwesend *adj*
- Nur fünf von 15 Personen waren **anwesend**.

present
- Only five out of 15 people were **present**.

abwesend *adj*
- Kein einziger meiner Studenten war heute **abwesend**.

absent
- Not a single one of my students was **absent** today.

fehlen *v*
- Anne ist eine der Studentinnen, die regelmäßig **fehlen**.

to be absent
- Anne is one of the students who **are** regularly **absent**.

Language

das **Alphabet, Alphabete** *n*
- Was ist der 17. Buchstabe des **Alphabets**?

alphabet
- What's the 17th letter of the **alphabet**?

der **Buchstabe, Buchstaben** *n*
- Das deutsche Alphabet hat 30 **Buchstaben**.

letter
- The German alphabet has 30 **letters**.

buchstabieren *v*
- Wie **buchstabiert** man Diarrhö?

to spell
- How do you **spell** diarrhoea?

das **Wort, Wörter** *n*
- Mir fiel das französische **Wort** dafür nicht ein.

word
- I couldn't think of the French **word** for it.

der **Satz, Sätze** *n*
- Bitte beantworten Sie die Fragen in vollständigen **Sätzen**.

sentence
- Please answer the questions using complete **sentences**.

die **Grammatik, Grammatiken** *n*
- Martin hat drei Bücher über deutsche **Grammatik** geschrieben.

grammar
- Martin's written three books on German **grammar**.

das **Substantiv, Substantive** *n*
- Vorschlag ist ein **Substantiv**, vorschlagen ist ein Verb.

noun
- Suggestion is a **noun**, to suggest is a verb.

das **Adjektiv, Adjektive** *n*
- Ich mag seinen Stil nicht, er benutzt viel zu viele **Adjektive**.

adjective
- I don't like his style, he uses far too many **adjectives**.

das **Adverb, Adverbien** *n*
- Unnötigerweise ist das **Adverb** und unnötig das Adjektiv.

adverb
- Unnecessarily is the **adverb** and unnecessary is the adjective.

das **Verb, Verben** *n*
- Das **Verb** ist das wichtigste Wort in einem Satz.

verb
- The **verb** is the most important word in a sentence.

der **Singular,** Singulare *n* • Ich frage mich, wie das Wort Medien im **Singular** heißt.	**singular** • I wonder what the word media is in the **singular**.
der **Plural,** Plurale *n* • Es gibt keinen **Plural** für das englische Wort Information.	**plural** • There's no **plural** for the English word information.
die **Bedeutung,** Bedeutungen *n* • Ich weiß nicht, ob ich die **Bedeutung** von all dem verstehe.	**meaning** • I don't know if I understand the **meaning** of all this.
bedeuten *v* • Was **bedeutet** das Wort Tautologie?	**to mean** • What does the word tautology **mean**?
die **Übersetzung,** Übersetzungen *n* • Der Roman ist toll, aber die **Übersetzung** ist miserabel.	**translation** • The novel is great but the **translation** is lousy.
übersetzen *v* • Thomas **übersetzte** den Roman ins Schwedische.	**to translate** • Thomas **translated** the novel into Swedish.
das **Wörterbuch,** Wörterbücher *n* • Frank konnte den Artikel nicht ohne ein **Wörterbuch** verstehen.	**dictionary** • Frank wasn't able to understand the article without a **dictionary**.
die **Sprache,** Sprachen *n* • Christina spricht fünf **Sprachen**.	**language** • Christina speaks five **languages**.
die **Muttersprache,** Muttersprachen *n* • Meine **Muttersprache** ist Chinesisch. • Für die Mehrzahl der Amerikaner ist Englisch die **Muttersprache**. • Obwohl Karl Deutscher ist, ist seine **Muttersprache** nicht Deutsch.	**native language; mother tongue; first language** • My **native language** is Chinese. • For the majority of Americans, English is their **mother tongue**. • Although Karl is German, his **first language** is not German.
die **Fremdsprache,** Fremdsprachen *n* • Ute unterrichtet Deutsch als **Fremdsprache**.	**foreign language** • Ute teaches German as a **foreign language**.
die **Aussprache,** Aussprachen *n* • Ihr Deutsch ist gut, aber Ihre **Aussprache** muss man verbessern.	**pronunciation** • Your German is good, but your **pronunciation** needs improving.

aussprechen *v-sep-irr*
- Wie **spricht** man dieses Wort **aus**?

to pronounce
- How do you **pronounce** this word?

School, University and Training

die **Schule**, Schulen *n*
- Die Kinder sind momentan in der **Schule**.

school
- The children are at **school** at the moment.

der **Schüler**, die **Schülerin**, Schüler *n*
- Wegen des warmen Wetters wurden die **Schüler** nach Hause geschickt.

pupil
- The **pupils** were sent home because of the hot weather.

der **Student**, die **Studentin**, Studenten *n*
- Ich habe 32 **Studenten** in meinem Geografiekurs.

student
- I've got 32 **students** in my geography course.

➡ **Student** and **Studentin** are only used in German to refer to a person who is matriculated at a university or college. Young people attending school are referred to as **Schüler** and **Schülerinnen**.

der **Unterricht**, Unterrichte *n*
- Der **Unterricht** beginnt um 8.30 Uhr.

classes
- **Classes** begin at 8:30 in the morning.

die **Unterrichtsstunde**, Unterrichtsstunden *n*
- An unserer Schule dauert eine **Unterrichtsstunde** 60 Minuten.

lesson
- At our school a **lesson** lasts for 60 minutes.

unterrichten *v*
- Wie viele Klassen **unterrichten** Sie?

to teach
- How many classes do you **teach**?

die **Klasse**, Klassen *n*
- Wir haben nur sieben Mädchen in unserer **Klasse**.

class
- We've got only seven girls in our **class**.

das **Klassenzimmer**, Klassenzimmer *n*
- Mein **Klassenzimmer** ist im zweiten Stock.

classroom
- My **classroom** is on the second floor.

School, University and Training

das **Fach,** Fächer *n*
- Welche **Fächer** unterrichten Sie?

subject
- Which **subjects** do you teach?

der **Stundenplan,** Stundenpläne *n*
- Geografie ist die erste Stunde auf unserem **Stundenplan**.

timetable
- Geography is the first lesson on our **timetable**.

die **Pause,** Pausen *n*
- Wir nutzen die **Pause** zum Spielen.

break
- We use the **break** to play.

die **Hausaufgaben** *n f pl*
- Paul macht nie **Hausaufgaben**, aber ist der Klassenbeste.

homework
- Paul never does any **homework** but he's top of his class.

die **Universität,** Universitäten *n*
- Mark hat einen Abschluss in Biologie der **Universität** von Exeter.

university
- Mark has a degree in biology from the **University** of Exeter.

die **Hochschule,** Hochschulen *n*
- Wenn ich erwachsen bin, will ich auch zur **Hochschule** gehen.

college
- When I grow up I want to go to **college** too.

das **Studium,** Studien *n*
- Sie hat ihr gesamtes **Studium** in Kanada absolviert.

studies
- She did all her **studies** in Canada.

die **Ausbildung,** Ausbildungen *n*
- Seine **Ausbildung** kostete 40.000 Euro.

education
- His **education** cost EUR 40,000.

ausbilden *v-sep*
- Melanie **wurde** an einer amerikanischen Universität **ausgebildet**.

to educate
- Melanie **was educated** at an American university.

der **Kindergarten,** Kindergärten *n*
- Ich habe eine Schwester, die noch in den **Kindergarten** geht.

nursery (school)
- I've got a sister who is still at **nursery school**.

Career

Professional Life

der **Beruf**, Berufe *n*
- Es ist an der Zeit, dass ich den **Beruf** wechsele.

profession
- It's about time I changed my **profession**.

die **Arbeit** *n*
- Ich habe im Moment so viel **Arbeit**.
- Warum suchst du dir keine neue **Arbeit**?

work; job
- I've got so much **work** to do at the moment.
- Why don't you find yourself a new **job**?

die **Stelle**, Stellen *n*
- Ich suche eine **Stelle** mit besserer Bezahlung.

job
- I'm looking for a **job** with better pay.

der **Job**, Jobs *n*
- Ich suche einen neuen **Job**, weil meine Fabrik schließt.

job
- I'm looking for a new **job** because my factory is closing down.

der **Arbeitsplatz**, Arbeitsplätze *n*
- Ich werde bald meinen neuen **Arbeitsplatz** als Mechaniker antreten.

post
- I'm going to take up my new **post** as a mechanic soon.

arbeiten *v*
- Am Wochenende **arbeitet** Connor in einem Nachtclub.

to work
- Connor **works** in a night club at the weekend.

arbeiten als *phrase*
- Ich habe eine Ausbildung als Krankenschwester, aber ich **arbeite als** Sekretärin.

work as
- I trained to be a nurse, but I **work as** a secretary.

zur Arbeit gehen *phrase*
- Normalerweise **gehe** ich um 8 Uhr morgens **zur Arbeit**.

to go to work
- I usually **go to work** at 8 in the morning.

beschäftigt *adj*
- Ich bin sehr **beschäftigt** und kann mich nicht mit dir treffen.

busy
- I'm very **busy** and won't be able to see you.

leiten v • Herr Peters **leitet** diese Abteilung.	**to run** • Mr Peters **is running** this department.
verantwortlich adj • Niklas wurde für den Ausfall der Maschine **verantwortlich** gemacht.	**responsible** • Niklas was held **responsible** for the breakdown of the machine.
sich qualifizieren v • Claudia **hat sich** als Computerspezialistin **qualifiziert**.	**to qualify** • Claudia**'s qualified** as a computer specialist.
das **Personal** n	staff
der **Kollege**, die **Kollegin**, **Kollegen** n	colleague; co-worker
der **Mitarbeiter**, die **Mitarbeiterin**, **Mitarbeiter** n	collaborator
der **Chef**, die **Chefin**, **Chefs** n	boss
die **Geschäftsleitung**, **Geschäftsleitungen** n	management
die **Abteilung**, **Abteilungen** n	department
das **Team**, **Teams** n	team

Occupations

der **Geschäftsführer**, die **Geschäftsführerin**, **Geschäftsführer** n	manager

➡ Unlike in English, in German the indefinite article is not used when talking about a person's profession, e.g. **Mark is a teacher. Mark ist Lehrer.** or **Julia is a police officer. Julia ist Polizistin.**

der **Sekretär**, die **Sekretärin**, **Sekretäre** n	secretary
der **Hausmann**, **Hausmänner** n	house husband
die **Hausfrau**, **Hausfrauen** n	housewife
der **Verkäufer**, die **Verkäuferin**, **Verkäufer** n	shop assistant

der **Assistent**, die **Assistentin**, **Assistenten** n	assistant
der **Mechaniker**, die **Mechanikerin**, **Mechaniker** n	mechanic
der **Handwerker**, die **Handwerkerin**, **Handwerker** n	tradesman
der **Bäcker**, die **Bäckerin**, **Bäcker** n	baker
der **Metzger**, die **Metzgerin**, **Metzger** n	butcher
der **Friseur**, die **Friseurin**, **Friseure** n	hairdresser
der **Polizist**, die **Polizistin**, **Polizisten** n	policeman; policewoman
der **Lehrer**, die **Lehrerin**, **Lehrer** n	teacher
der **Professor**, die **Professorin**, **Professoren** n	professor
der **Anwalt**, die **Anwältin**, **Anwälte** n	lawyer
der **Arzt**, die **Ärztin**, **Ärzte** n	doctor
der **Zahnarzt**, die **Zahnärztin**, **Zahnärzte** n	dentist
der **Apotheker**, die **Apothekerin**, **Apotheker** n	pharmacist; chemist
der **Kellner**, die **Kellnerin**, **Kellner** n	waiter; waitress
der **Krankenpfleger**, die **Krankenpflegerin**, **Krankenpfleger** n	male nurse; nurse

Office Activities and Equipment

schreiben, schreibt, schrieb, hat geschrieben *v-irr* ▪ Frau Schwarz **schrieb** eine E-Mail an alle ihre Kollegen.	to write ▪ Frau Schwarz **wrote** an e-mail to all her colleagues.
notieren *v* ▪ Katharina **notierte** die An- und Abfahrtszeiten in ein Notizbuch.	to note down ▪ Katharina **noted down** the arrival and departure times in a notebook.
kopieren *v* ▪ Warum **kopierst** du nicht einfach den Brief?	to copy ▪ Why don't you just **copy** the letter?
das **Büro,** Büros *n*	office
der **Bürostuhl,** Bürostühle *n*	office chair
der **Schreibtisch,** Schreibtische *n*	desk
der **Kopierer,** Kopierer *n*	photocopier
die **Fotokopie,** Fotokopien *n*	photocopy
der **Kalender,** Kalender *n*	calendar; diary
die **Unterlagen** *n f pl*	documents
die **Notiz,** Notizen *n*	note
das **Papier,** Papiere *n*	paper
der **Zettel,** Zettel *n*	piece of paper
das **Blatt,** Blätter *n*	sheet
der **Kugelschreiber,** Kugelschreiber *n*	pen
➡ Alternative German words for **pen** are **der Stift** and **der Füller.**	
der **Abfallkorb,** Abfallkörbe *n*	wastepaper basket

Application, Recruitment and Termination

der **Arbeitgeber,**
die **Arbeitgeberin,** Arbeitgeber *n*
- Die Automobilindustrie gehört zu den größten **Arbeitgebern**.

employer
- The automotive industry is one of the biggest **employers**.

die **Anstellung,** Anstellungen *n*
- Die **Anstellung** von Kindern unter 14 Jahren ist gegen das Gesetz.

employment
- The **employment** of children under 14 is against the law.

der **Angestellte,** die **Angestellte,** Angestellten *n m-f*
- Die **Angestellten** machen sich Sorgen um ihre Arbeitsplätze.

employee
- The **employees** are worried about their jobs.

angestellt *adj*
- Es ist eine kleine Firma. Nur 20 Personen sind dort **angestellt**.

employed
- It's a small firm. Only 20 people are **employed** there.

einstellen *v-sep*
- Sie **haben** einen neuen Produktmanager **eingestellt**.
- Die Presseabteilung **hat** eine neue Sekretärin **eingestellt**.

to employ; to hire
- They **employed** a new product manager.
- The public relations department **hired** a new secretary.

der **Arbeiter,** die **Arbeiterin,** Arbeiter *n*
- Die **Arbeiter** verlangen höhere Löhne.

worker
- The **workers** are demanding higher wages.

der **Mitarbeiter,**
die **Mitarbeiterin,** Mitarbeiter *n*
- Er zwingt seine **Mitarbeiter** dazu, Überstunden zu machen.

employee
- He forces his **employees** to work overtime.

die **Arbeitslosigkeit** *n*
- **Arbeitslosigkeit** ist ein ernstes Problem.

unemployment
- **Unemployment** is a serious problem.

arbeitslos *adj*
- Jan hat eine Stelle gefunden, nachdem er **arbeitslos** war.

unemployed
- Jan found a job after being **unemployed**.

die **Bewerbung,** Bewerbungen *n*
- Bitte schicken Sie Ihre **Bewerbung** per E-Mail.

application
- Please send your **application** by e-mail.

sich bewerben v-irr
- David **hat sich** schon auf fünf Stellen **beworben**.

to apply
- David **has applied** for five jobs so far.

Conditions of Employment

der **Lohn**, Löhne n
- Die **Löhne** in Asien sind viel niedriger.

wage
- **Wages** in Asia are much lower.

die **Bezahlung**, Bezahlungen n
- Ich mag meine Arbeit, obwohl die **Bezahlung** schlecht ist.

pay
- I like my work although the **pay** is bad.

das **Gehalt**, Gehälter n
- Ich werde ein **Gehalt** von 42.000 Euro bekommen.

salary
- I'll be on a **salary** of EUR 42,000.

verdienen v
- Vor zehn Jahren **verdiente** er mehr als heute.

to earn
- He **was earning** more ten years ago than he does today.

seinen **Lebensunterhalt verdienen** phrase
- Wie **verdient** sie ihren **Lebensunterhalt**?
- Christian **verdient** seinen **Lebensunterhalt** als Sprachlehrer.

to do sth. for a living; to make a living
- What **does** she **do for a living**?
- Christian **makes a living** as a language teacher.

der **Vertrag**, Verträge n
- Du kannst den **Vertrag** sofort unterschreiben.

contract
- You can sign the **contract** straight away.

die **Forderung**, Forderungen n
- Ich bin nicht in der Position, **Forderungen** zu stellen.

demand
- I am not in the position to make **demands**.

fordern v
- Ich denke, ich sollte eine Gehaltserhöhung **fordern**.

to demand
- I think I should **demand** a pay rise.

die **Gewerkschaft, Gewerkschaften** *n*
- Gespräche mit den **Gewerkschaften** finden statt.

trade union
- Talks are being held with the **trade unions**.

der **Streik, Streiks** *n*
- Die Gewerkschaft der Stahlarbeiter hat einen **Streik** ausgerufen.

strike
- The steelworkers' union has called a **strike**.

streiken *v*
- Das halbe Land **wird** nächsten Montag **streiken**.

to be on strike
- Half the country **will be on strike** next Monday.

die **Pause, Pausen** *n*
- Wir sollten einen Moment anhalten. Ich brauche eine **Pause**.

rest
- We should stop for a moment. I need a **rest**.

die **Rente, Renten** *n*
- Vaters **Rente** entspricht 70 Prozent seines letzten Einkommens.
- Er plant, an seinem 60. Geburtstag in **Rente** zu gehen.

pension; retirement
- Dad's **pension** is equivalent to 70 percent of his final income.
- He is planning to take **retirement** on his 60th birthday.

der **Ruhestand** *n*
- Ich denke ernsthaft über einen vorgezogenen **Ruhestand** nach.

retirement
- I'm seriously thinking about taking early **retirement**.

in Ruhestand gehen *phrase*
- Sandra **wird** Ende des Jahres **in Ruhestand gehen**.

to retire
- Sandra **is going to retire** at the end of the year.

Cultural Interests

Reading

das **Buch,** Bücher n	book
der **Leser,** die **Leserin,** Leser n	reader
lesen, liest, las, hat gelesen v-irr • Ich kenne den Film nicht, aber ich **habe** das Buch **gelesen**.	to read • I don't know the film but I**'ve read** the book.
vorlesen v-sep-irr • Meine Mutter **las** mir jeden Abend vor dem Zubettgehen **vor**.	to read • My mum used to **read** to me every night before I went to bed.
verfassen v • Wann **hat** Zola seinen offenen Brief „Ich klage an" **verfasst**?	to write • When **did** Zola **write** the open letter "I accuse"?
der **Text,** Texte n • Du solltest einen kurzen Aufsatz schreiben. Der **Text** ist zu lang.	text • You were supposed to write a short essay. This **text** is too long.
der **Titel,** Titel n • Kennst du den vollen **Titel** von Shakespeares Hamlet?	title • Do you know the full **title** of Shakespeare's Hamlet?
die **Geschichte,** Geschichten n • Es ist eine **Geschichte** von Piraten auf einer Schatzinsel.	story • It's a **story** about pirates on a treasure island.
die **Kurzgeschichte,** Kurzgeschichten n	short story
der **Roman,** Romane n	novel
der **Kriminalroman,** Kriminalromane n	detective story
die **Erzählung,** Erzählungen n	story
das **Märchen,** Märchen n	fairy tale
das **Sachbuch,** Sachbücher n	non-fiction book
die **Bibliothek,** Bibliotheken n	library

Music

die **Musik,** Musiken *n*
- Ich höre **Musik** von meinem iPod, wenn ich jogge.

music
- I listen to **music** on my iPod when I go jogging.

(zu)hören *v-sep*
- Jill **hörte** dem Lied **zu**.

to listen
- Jill **was listening** to the song.

➡ In German you use the verb **zuhören** (+ Dative) to mean **to listen** in the sense of paying close attention to what a person is saying. **Hören** is also used in the sense of **to hear** a random noise.

das **Lied,** Lieder *n*
- Der Chor sang ein paar melancholische **Lieder**.

song
- The choir sang a few melancholy **songs**.

die **Stimme,** Stimmen *n*
- Wenn sie so weitersingt, wird sie ihre **Stimme** ruinieren.

voice
- If she keeps on singing like that she's going to ruin her **voice**.

singen,
singt, sang, hat gesungen *v-irr*
- Carla **singt** im Kirchenchor.

to sing
- Carla **sings** in the church choir.

spielen *v*
- Seit Jahren **spielt** Christina Gitarre.

to play
- Christina's **been playing** the guitar for years.

leise *adj*
- Dies ist ein **leiser** Abschnitt der Melodie.

quiet
- This is a **quiet** part of the melody.

laut *adj*
- Trompeten sind sehr **laut**.

loud
- Trumpets are very **loud**.

hoch *adj*
- Ihre Stimme ist wirklich sehr **hoch**.

high
- Her voice is really very **high**.

tief *adj*
- Das Stück endet auf einer **tiefen** Note.
- Johnny Cash hatte eine schöne **tiefe** Stimme.

low; deep
- The piece ends on a **low** note.
- Johnny Cash had a beautiful **deep** voice.

das **Konzert,** Konzerte *n*
- Die Beatles gaben 1969 ihr letztes **Konzert**.

concert
- The Beatles gave their last **concert** in 1969.

Music

die **Oper,** Opern *n* • Möchtest du gern mit mir in die **Oper** gehen?	opera • Would you like to go to the **opera** with me?
das **Instrument,** Instrumente *n* • Ich singe gern, aber ich spiele kein **Instrument**.	instrument • I like to sing but I don't play any **instrument**.
das **Klavier,** Klaviere *n*	piano
die **Geige,** Geigen *n*	violin
die **Gitarre,** Gitarren *n*	guitar
die **E-Gitarre,** E-Gitarren *n*	electric guitar
der **Bass,** Bässe *n*	bass
die **Trommel,** Trommeln *n*	drum
das **Schlagzeug,** Schlagzeuge *n*	drums
die **Flöte,** Flöten *n*	flute
die **Stereoanlage,** Stereoanlagen *n*	stereo
der **Lautsprecher,** Lautsprecher *n*	loudspeaker
die **CD,** CDs *n*	CD
der **CD-Spieler,** CD-Spieler *n*	CD player
der **MP3-Player,** MP3-Player *n*	MP3 player

Art

die **Kunst,** Künste *n*	art
■ Muss man **Kunst** studieren, um Maler zu werden?	■ Do you have to study **art** in order to become a painter?
das **Bild,** Bilder *n*	picture; painting
■ Auf Seite 6 ist ein **Bild** des neuen Gouverneurs.	■ There's a **picture** of the new governor on page 6.
■ Ein paar berühmte **Bilder** wurden aus dem Museum gestohlen.	■ A couple of famous **paintings** were stolen from the museum.
malen *v*	to paint
■ Ich wünschte, ich könnte wie Rembrandt **malen**.	■ I wish I could **paint** like Rembrandt.
zeichnen *v*	to draw
■ Alexander kann innerhalb von zehn Minuten jedermanns Porträt **zeichnen**.	■ Alexander can **draw** anybody's portrait in ten minutes.
das **Werk,** Werke *n*	work
■ Dies ist die erste öffentliche Ausstellung seiner **Werke**.	■ This is the first public exhibition of his **works**.
die **Galerie,** Galerien *n*	gallery
■ Ich habe mir in einer **Galerie** eine Ausstellung angesehen.	■ I went to a **gallery** to see an exhibition.
die **Ausstellung,** Ausstellungen *n*	exhibition
■ Viele Menschen sahen die **Ausstellung** mit Bildern von Rubens.	■ Many people saw the **exhibition** of paintings by Rubens.
zeigen *v*	to show
■ Jenny **hat** mir ihre neuesten Zeichnungen **gezeigt**.	■ Jenny **showed** me her most recent drawings.
antik *adj*	ancient
■ Das Pergamonmuseum zeigt viele **antike** Kunstwerke.	■ The Pergamon Museum has a lot of **ancient** works of art on display.
modern *adj*	modern
■ Der Expressionismus ist mir viel zu **modern**.	■ Expressionism is much too **modern** for me.

Theatre and Film

das **Theater,** Theater *n*
- In London solltest du dir ein Stück in einem der **Theater** ansehen.

theatre
- You must see a play at one of the **theatres** when you're in London.

das **Theaterstück,** Theaterstücke *n*
- Der Film wurde nach einem **Theaterstück** von Shaw geschrieben.

play
- The film was based on a **play** by Shaw.

die **Bühne,** Bühnen *n*
- Es gab Applaus, als die Stars die **Bühne** betraten.

stage
- There was applause when the stars came on the **stage**.

die **Aufführung,** Aufführungen *n*
- Der Schauspieler hat eine fantastische **Aufführung** gegeben.

performance
- The actor gave a fantastic **performance**.

inszenieren *v*
- Sie **hätten** „Tannhäuser" nicht auf Englisch **inszenieren** sollen.

to stage
- They shouldn't **have staged** "Tannhäuser" in English.

der **Film,** Filme *n*
- Sie spielt die Hauptrolle im neuen **Film** von Coppola.

film
- She's starring in the new **film** by Coppola.

das **Kino,** Kinos *n*
- Filme sind im **Kino** eindrucksvoller als auf Video.

cinema
- Films are more impressive at the **cinema** than on video.

die **Eintrittskarte,** Eintrittskarten *n*
- Es ist schwierig, **Eintrittskarten** für seine Stücke zu bekommen.

ticket
- It's difficult to get **tickets** for his plays.

die **DVD,** DVDs *n*
- Lass uns doch einen Film auf **DVD** ausleihen.

DVD
- Let's get a film out on **DVD**, shall we?

der **DVD-Player,** DVD-Player *n*
- Er hat keinen **DVD-Player**. Er schaut DVDs über seine Playstation.

DVD player
- He doesn't have a **DVD-player**. He watches DVDs on his playstation.

sich ansehen *v-sep-irr*
- Ich finde, wir sollten **uns** heute Abend diesen Film **ansehen**.

to see
- I think we should **see** that film tonight.

Leisure Time

Celebrations

das **Fest**, Feste *n*	party
die **Party**, Partys *n*	party
der **Geburtstag**, Geburtstage *n*	birthday
der **Jahrestag**, Jahrestage *n*	anniversary
feiern *v* • Meine Mutter **feiert** ihren Geburtstag im Januar.	to celebrate • My mother **celebrates** her birthday in January.
gratulieren *v* • Tim **gratulierte** Peter zum Hochzeitstag.	to congratulate • Tim **congratulated** Peter on his wedding anniversary.
Glückwunsch! *interj*	Congratulations!
Alles Gute! *interj*	Good luck!
Frohe Weihnachten! *interj*	Merry Christmas!

➡ Just as you can also say **Happy Christmas!** in English, in German you can also wish somebody **Fröhliche Weihnachten!**

Frohe Ostern! *interj*	Happy Easter!
das **Geschenk**, Geschenke *n*	present
schenken *v* • Was **schenkst** du deinem Bruder zum Geburtstag?	to give • What **are** you **giving** your brother for his birthday?
toll *adj* • Das war eine **tolle** Party. Danke für die Einladung.	great • It was a **great** party. Thanks for inviting me.
klasse *adj* • Was für ein **klasse** Konzert!	cool • What a **cool** concert!

Public Holidays

der **Neujahrstag,** Neujahrstage *n*	New Year's Day
der **Karneval,** Karnevale, Karnevals *n*	carnival
der **Fasching,** Faschinge, Faschings *n*	carnival
die **Fastnacht** CH, Fastnachten *n*	carnival
der **Karfreitag** *n*	Good Friday
Ostern *n*	Easter
der **Ostersonntag** *n*	Easter Sunday
der **Ostermontag** *n*	Easter Monday
Pfingsten *n*	Whitsun
Weihnachten, Weihnachten *n*	Christmas
der **Heiligabend** *n*	Christmas Eve
der **erste Weihnachtstag** *n*	Christmas Day
der **zweite Weihnachtstag** *n*	Boxing Day
Silvester *n*	New Year's Eve

Going Out and Recreation

ausgehen *v-sep-irr*
- Ich habe Sarah gebeten, mit mir Freitagabend **auszugehen**.

to go out
- I asked Sarah **to go out** with me on Friday night.

einen trinken gehen *phrase*
- Ich habe Durst. Lass uns **einen trinken gehen**.

to go for a drink
- I'm thirsty. Let's **go for a drink**.

die **Unterhaltung,** Unterhaltungen *n*
- Tom organisierte die **Unterhaltung** für die Party.

entertainment
- Tom organized the **entertainment** for the party.

das **Vergnügen,** Vergnügen *n*
- Sind Sie beruflich hier oder zu Ihrem **Vergnügen**?

pleasure
- Are you here for business or **pleasure**?

Viel Vergnügen! *interj*	Enjoy yourself!
Viel Spaß! *interj*	Have fun!
Spaß haben *phrase* • Wir **hatten** bei der Party gestern Abend viel **Spaß**.	to have fun • We **had** a lot of **fun** at the party last night.
genießen, genießt, genoss, genossen, hat genossen *v-irr* • Das Wetter war toll, wir **haben** unsere Ferien richtig **genossen**.	to enjoy • The weather was great, we really **enjoyed** our holidays.
sich amüsieren *v* • Das Wetter war toll, wir **haben uns** richtig **amüsiert**.	to enjoy oneself • The weather was great, we really **enjoyed ourselves**.
amüsant *adj* • Wir haben einen recht **amüsanten** Film im Fernsehen gesehen.	amusing • We watched quite an **amusing** film on TV.
tanzen *v* • Ian geht immer **tanzen**, wenn er schlechter Laune ist.	to dance • Ian always goes **dancing** when he's in a bad mood.
j-n zum Lachen bringen *phrase* • Tony ist mein bester Freund, er **bringt** mich ständig **zum Lachen**.	to make sb. laugh • Tony's my best friend, he always **makes me laugh**.
die **Tanzveranstaltung, Tanzveranstaltungen** *n*	dance
die **Disko, Diskos** *n*	disco
die **Abendgesellschaft, Abendgesellschaften** *n*	dinner party
die **Show, Shows** *n*	show

Sport

der **Sport** n
- Baseball ist ein **Sport**, der in Europa nicht sehr bekannt ist.

sport
- Baseball is a **sport** which is not very well known in Europe.

Sport treiben phrase
- Michael **treibt** viel **Sport**, um fit zu bleiben.

to do sport
- Michael **does** a lot of **sport** to keep fit.

trainieren v
- Spitzensportler **trainieren** mehrere Stunden am Tag.

to train
- Top athletes **train** for several hours a day.

laufen, läuft, lief, ist gelaufen v-irr
- Wie schnell kann ein Weltklassesprinter **laufen**?

to run
- How fast can a world-class sprinter **run**?

das **Rennen, Rennen** n
- Ich bin im ersten **Rennen** gestartet, habe aber nicht gewonnen.

race
- I competed in the first **race** but didn't win.

der **Wettkampf, Wettkämpfe** n
- Jan hat einen **Wettkampf** gewonnen und 50 Euro bekommen.

competition
- Jan won a **competition** and got EUR 50.

der **Teilnehmer**, die **Teilnehmerin, Teilnehmer** n

competitor

teilnehmen v-sep-irr
- Paul will am Lauf **teilnehmen**.

to participate
- Paul wants to **participate** in the run.

schnell adv
- Die Rennwagen fuhren **schnell**.

fast
- The racing cars were going **fast**.

langsam adv
- Er wird das Rennen nicht gewinnen. Er läuft zu **langsam**.

slowly
- He won't win the race. He's running too **slowly**.

die **Sporthalle, Sporthallen** n

gym

der **Spieler**, die **Spielerin, Spieler** n

player

der **Ball, Bälle** n

ball

werfen, wirft, warf, hat geworfen v-irr
- Der Torwart ist der einzige Spieler, der den Ball **werfen** darf.

to throw

- The goalkeeper is the only player allowed to **throw** the ball.

fangt,
fängt, fing, hat gefangen *v-irr*
- Beim Volleyball ist es nicht gestattet, den Ball zu **fangen**.

to catch
- In volleyball you are not allowed to **catch** the ball.

Fußball *n*
- **Fußball** ist der beliebteste Sport in Europa und Südamerika.

football
- **Football** is the most popular sport in Europe and South America.

der **Wintersport** *n*
- Meine Großmutter schaute jede Art von **Wintersport** im Fernsehen.

winter sports
- My grandmother used to watch all sorts of **winter sports** on TV.

der **Ski**, Ski, Skier *n*

ski

Ski laufen *phrase*
- Wir gehen immer zu Ostern **Ski laufen**.

to go skiing
- We always **go skiing** at Easter.

Schlitten fahren *phrase*
- Ich muss in die Berge fahren, um **Schlitten zu fahren**.

to go sledging
- I have to drive into the mountains to **go sledging**.

schwimmen, schwimmt, schwamm, ist geschwommen *v-irr*
- Man braucht neun Stunden, um durch den Ärmelkanal zu **schwimmen**.

to swim
- It takes nine hours to **swim** across the English Channel.

das **Schwimmbad,** Schwimmbäder *n*

swimming pool

die **Wanderung,** Wanderungen *n*
- Lukas plant eine ausgedehnte **Wanderung** durch die südlichen Alpen.

hike
- Lukas is planning an extended **hike** through the Southern Alps.

bergsteigen gehen *phrase*
- Simon **geht bergsteigen**, wann immer er die Zeit dazu findet.

to go climbing
- Simon **goes climbing** whenever he finds the time.

reiten,
reitet, ritt, hat/ist geritten *v-irr*
- Im Derby **reiten** die Jockeys drei Jahre alte Pferde.

to ride
- In the Derby, the jockeys **ride** three-year old horses.

Sport

das **Spiel,** Spiele *n*	game; match
▪ Ihr Quarterback wurde in der ersten Hälfte des **Spiels** verletzt.	▪ Their quarterback was injured during the first half of the **game**.
▪ Wir haben uns das **Spiel** zwischen den beiden Mannschaften der Stadt angesehen.	▪ We watched the **match** between the two local teams.
der **Gegner,** die **Gegnerin,** Gegner *n*	opponent
der **Start,** Starts *n*	start
das **Ziel,** Ziele *n*	finish

➡ The words **Start** and **Ziel** are used when talking about the **start** and **finish** of a race. When talking about other activities the words **Anfang** or **Beginn** are used for the **start** or **beginning** and **Ende** is used for the **end**.

der **Sieg,** Siege *n*	victory
▪ Wir feierten den **Sieg** unserer Mannschaft mit einem Glas Sekt.	▪ We celebrated our team's **victory** with a glass of champagne.
der **Sieger,** die **Siegerin,** Sieger *n*	winner
siegen *v*	to win
▪ Sie **siegte** im Halbfinale, doch wurde im Finale nur Dritte.	▪ She **won** in the semi-final but only came third in the final.
gewinnen, gewinnt, gewann, hat gewonnen *v-irr*	to win
▪ Das Schwimmteam **hat** drei Goldmedaillen **gewonnen**.	▪ The swimming team **won** three gold medals.
die **Niederlage,** Niederlagen *n*	defeat
▪ Das kanadische Team erlitt eine 5:4-**Niederlage** gegen Russland.	▪ The Canadian team suffered a 5–4 **defeat** against Russia.
der **Verlierer,** die **Verliererin,** Verlierer *n*	loser
verlieren, verliert, verlor, hat verloren *v-irr*	to lose
▪ Schottland **hat** 3:4 gegen Irland **verloren**.	▪ Scotland **lost** 3–4 to Ireland.
fair *adj*	fair
▪ Ich finde, der Schiedsrichter war nicht allzu **fair**.	▪ I don't think the referee was very **fair**.

berühmt *adj*
- Pelé ist wahrscheinlich der **berühmteste** Fußballer der Welt.

famous
- Pelé is probably the most **famous** football player in the world.

Hobbies

das **Hobby**, Hobbys *n*	hobby
das **Foto**, Fotos *n*	photo
der **Fotoapparat**, Fotoapparate *n*	camera
die **Digitalkamera**, Digitalkameras *n*	digital camera
der **Blitz**, Blitze *n*	flash
das **Spiel**, Spiele *n*	game
der **Würfel**, Würfel *n*	dice
die **Spielkarten** *n f pl*	playing cards

die **Freizeit** *n*
- Sam treibt in seiner **Freizeit** viel Sport.

free time
- Sam does a lot of sport in his **free time**.

fotografieren *v*
- Ich **habe** sie Hunderte Male **fotografiert**.

to take pictures
- I **took** hundreds of **pictures** of her.

spielen *v*
- Kinder **spielen** gern draußen.

to play
- Children like to **play** outdoors.

Glücksspiele spielen *phrase*
- Peter verbringt Stunden im Kasino und **spielt Glücksspiele**.

to gamble
- Peter spends hours **gambling** at the casino.

das **Glück** *n*
- Mit ein bisschen **Glück** wirst du den ersten Preis gewinnen.

luck
- With a little bit of **luck** you'll win first prize.

das **Pech** *n*
- Durch ein Tor in der letzten Minute zu verlieren war **Pech**.

bad luck
- Losing by a goal in the last minute was **bad luck**.

einen Spaziergang machen *phrase*
- Lasst uns nach dem Abendessen einen Spaziergang machen.

to go for a walk
- Let's **go for a walk** after dinner.

picknicken *v*
- Wir fingen an zu **picknicken**, als es zu regnen begann.

to have a picnic
- We were just starting **to have a picnic** when it began to rain.

angeln *v*
- Onkel Harry **angelt** gern.

to fish
- Uncle Harry loves **to fish**.

basteln *v*
- Monica **bastelt** viel und ist sehr talentiert.

to do handicrafts
- Monica **does** a lot of **handicrafts** and is very talented.

das **Spielzeug, Spielzeuge** *n* — toy

das **Werkzeug, Werkzeuge** *n* — tool

das **Taschenmesser, Taschenmesser** *n* — pocket knife

Shopping

Choosing and Paying

der **Kauf, Käufe** *n*
- Der **Kauf** eines neuen Computersystems wird uns Millionen kosten.

acquisition
- The **acquisition** of a new computer system will cost us millions.

kaufen *v*
- Angela **hat** dieses Fahrrad gebraucht **gekauft**.

to buy
- Angela **bought** this bike second-hand.

der **Verkauf, Verkäufe** *n*
- Der **Verkauf** von Alkohol an Minderjährige ist gesetzlich verboten.

sale
- The **sale** of alcohol to people under 18 is prohibited by law.

verkaufen *v*
- Mia **hat** ihren alten Wagen **verkauft** und sich einen neuen zugelegt.

to sell
- Mia **sold** her old car and got herself a new one.

Choosing and Paying 87

das **Angebot**, Angebote n • Sie haben mir ein **Angebot** gemacht, das ich nicht ablehnen konnte.	offer • They made me an **offer** I couldn't refuse.
bieten, bietet, bot, hat geboten v-irr • Das Hotel **bietet** eine Vielzahl an Aktivitäten und Sportarten.	to offer • The hotel **offers** a wide range of sports and activities.
anbieten v-sep-irr • Er **bot** mir 1.000 Euro **an** und ich nahm an.	to offer • He **offered** me EUR 1,000 and I accepted.
geöffnet adj • Dieser Laden ist ab 6 Uhr **geöffnet**.	open • This shop is **open** from 6 am.
geschlossen adj • Michael ist zum Supermarkt gegangen, doch er war **geschlossen**.	closed • Michael went to the supermarket but it was **closed**.
bedienen v • Werden Sie schon **bedient**?	to serve • **Are** you being **served**?
einkaufen gehen phrase • Lass uns **einkaufen gehen**. Ich fühle mich deprimiert.	to go shopping • Let's **go shopping**. I feel depressed.
shoppen gehen phrase • Ich liebe es, am Samstag **shoppen zu gehen**.	to go shopping • I love to **go shopping** on Saturdays.
aussuchen v-sep • Alice **suchte** ein Buch **aus** und brachte es zur Kasse.	to choose • Alice **chose** a book and took it to the cash desk.
(aus)wählen v-sep • Ich musste zwischen dieser Hose hier und dem Rock dort **auswählen**.	to choose • I had to **choose** between these trousers and that skirt.
gefallen v-irr • **Gefällt** dir mein neues Kleid? Ich habe es neulich gekauft.	to like • Do you **like** my new dress? I bought it the other day.
Ich hätte gerne … phrase • **Ich hätte gerne** einen Haarschnitt.	I'd like … • **I'd like** a haircut, please.

➡ You can also say: **Ich möchte gerne einen Haarschnitt.**

Kann ich Ihnen helfen? phrase	Can I help you?

Choosing and Paying

neu *adj* — latest; new
- Hast du schon ihre **neueste** CD gekauft?
- Have you bought their **latest** CD?
- Meine Taschenlampe braucht **neue** Batterien.
- My torch needs **new** batteries.

gebraucht *adv* — second-hand
- Ich kann es **gebraucht** im Internet kaufen.
- I can buy it **second-hand** on the Internet.

vollständig *adj* — complete
- Er hat die **vollständige** Sammlung von DVDs gekauft.
- He bought the **complete** set of DVDs.

ausverkauft sein *phrase* — to be sold out
- Es tut mir leid, aber das blaue T-Shirt **ist ausverkauft**.
- I'm afraid the blue T-shirt **is sold out**.

der Preis, Preise *n* — price
- Wird der **Preis** dieses Produkts nach Weihnachten steigen?
- Will the **price** of this product go up after Christmas?

kosten *v* — to cost
- Wie viel **kosten** diese Schuhe?
- How much do these shoes **cost**?

Was kostet …? *phrase* — How much is …?

ausgeben *v-sep-irr* — to spend
- Nina **gab** viel Geld im Buchladen **aus**.
- Nina **spent** a lot of money in the bookshop.

teuer *adj* — expensive
- Angela hat das Parfüm nicht gekauft, weil es so **teuer** war.
- Angela didn't buy the perfume because it was so **expensive**.

billig *adj* — cheap
- Dieses T-Shirt war **billig**, hatte aber keine gute Qualität.
- This T-shirt was **cheap**, but it's not of good quality.

günstig *adj* — cheap
- Ich habe den Wein gekauft, weil er **günstig** war.
- I bought the wine because it was **cheap**.

preiswert *adj* — reasonably priced
- Ich suche nach einem **preiswerten** Flug nach Los Angeles.
- I'm looking for a **reasonably priced** flight to Los Angeles.

Choosing and Paying

umtauschen *v-sep* ▪ Kann ich diesen Pullover gegen einen größeren **umtauschen**?	to exchange ▪ Can I **exchange** this sweater for a larger one?
zufrieden *adj* ▪ Diese Firma hat viele **zufriedene** Kunden.	satisfied ▪ This company has a lot of **satisfied** customers.
unzufrieden *adj*	dissatisfied
j-m sein Geld zurückgeben *phrase* ▪ Ich werde sie bitten, **mir** mein **Geld** vollständig **zurückzugeben**.	to refund one's money ▪ I'm going to ask them to **refund** my **money** in full.
bei j-m kassieren *phrase* ▪ Darf ich **bei** Ihnen **kassieren**?	to give sb. his/her bill ▪ May I **give** you your **bill**?
passend *adj* ▪ Für diesen Automaten muss man **passendes** Kleingeld haben.	exact ▪ You have to have the **exact** change for this vending machine.
anstehen *v-sep-irr* ▪ Ich musste 20 Minuten **anstehen**, bevor ich mein Ticket bekam.	to queue ▪ I had to **queue** for 20 minutes before I got my ticket.
an der Reihe sein *phrase* ▪ Ich **war** beim Zahlen **an der Reihe**, aber ich hatte kein Geld dabei.	to be one's turn ▪ It **was my turn** to pay, but I didn't have any money on me.
der **Kunde,** die **Kundin,** Kunden *n*	customer
die **Einkaufstasche,** Einkaufstaschen *n*	shopping bag
die **Warteschlange,** Warteschlangen *n*	queue
die **Kasse,** Kassen *n*	checkout; cash desk; till
das **Wechselgeld,** Wechselgelder *n*	change
der **Kassenzettel,** Kassenzettel *n*	receipt
die **Quittung,** Quittungen *n*	receipt

Shops

das **Geschäft**, Geschäfte n	shop; store
der **Laden**, Läden n	shop
das **Warenhaus**, Warenhäuser n	store
das **Kaufhaus**, Kaufhäuser n	department store
der **Supermarkt**, Supermärkte n	supermarket
das **Einkaufszentrum**, Einkaufszentren n	shopping centre
das **Lebensmittelgeschäft**, Lebensmittelgeschäfte n	grocer's
der **Markt**, Märkte n	market
die **Bäckerei**, Bäckereien n	bakery
die **Metzgerei**, Metzgereien n	butcher's (shop)
der **Obst- und Gemüseladen**, Obst- und Gemüseläden n	greengrocer's
das **Schuhgeschäft**, Schuhgeschäfte n	shoe shop
die **Buchhandlung**, Buchhandlungen n	bookshop
das **Bekleidungsgeschäft**, Bekleidungsgeschäfte n	clothes shop
die **Boutique**, Boutiquen n	boutique
die **Drogerie**, Drogerien n	chemist's

Nutrition

Nutrition — General Terms

das **Lebensmittel,** Lebensmittel *n*	food
▪ Wir müssen mehr **Lebensmittel** produzieren.	▪ We must produce more **food**.
essen, isst, aß, hat gegessen *v-irr*	to eat
▪ Du wirst dick, wenn du so viel **isst**.	▪ You'll get fat if you **eat** so much.
trinken, trinkt, trank, hat getrunken *v-irr*	to drink
▪ Es ist gesund, zum Essen viel Wasser zu **trinken**.	▪ It's healthy to **drink** a lot of water with your meals.
der **Hunger** *n*	hunger
▪ Eines Tages wird es keinen **Hunger** mehr auf der Welt geben.	▪ One day there won't be any more **hunger** in the world.
hungrig *adj*	hungry
▪ Ich bin so **hungrig**. Was gibt's zu Mittag?	▪ I'm so **hungry**. What's for lunch?
der **Durst** *n*	thirst
▪ Ich hatte ganz schönen **Durst** nach dem Joggen.	▪ I had quite a **thirst** after jogging.
durstig *adj*	thirsty
▪ Bei dieser Hitze zu arbeiten, macht mich **durstig**.	▪ Working in this heat makes me **thirsty**.
der **Appetit,** Appetite *n*	appetite
▪ Wenn man vor den Mahlzeiten isst, verdirbt man sich den **Appetit**.	▪ Eating before meals will spoil your **appetite**.
Guten Appetit! *interj*	**Enjoy your meal!**
Prost! *interj*	**Cheers!**
schmecken *v*	to taste
▪ Dieser Eintopf sieht fürchterlich aus, aber er **schmeckt** toll.	▪ This stew looks terrible but it **tastes** great.
köstlich *adj*	delicious
▪ Die Hauptmahlzeit war **köstlich**, aber das Dessert war noch besser.	▪ The main course was **delicious** but the dessert was even better.

Nutrition — General Terms

süß *adj*	**sweet**
▪ Dieser Wein ist zu **süß**. Haben Sie keinen trockenen?	▪ This wine is too **sweet**. Don't you have a dry one?
sauer *adj*	**sour**
▪ Bewahre die Milch im Kühlschrank auf, sonst wird sie **sauer**.	▪ Keep the milk in the fridge or it'll go **sour**.
salzig *adj*	**salty**
▪ Diese Suppe ist viel zu **salzig**.	▪ This soup is much too **salty**.
scharf *adj*	**hot**; **spicy**
▪ Mein Kollege aus Thailand isst sein Essen gern extrem **scharf**.	▪ My colleague from Thailand loves his food extremely **hot**.
▪ Ich mag **scharfes** Essen, doch in Indien war es zu scharf für mich.	▪ I like **spicy** food, but in India it was too hot for me.
frisch *adj*	**fresh**
▪ Könntest du **frisches** Gemüse vom Markt mitbringen?	▪ Could you get some **fresh** vegetables from the market?
roh *adj*	**raw**
▪ Joe macht eine Diät. Er isst im Moment nur **rohes** Gemüse.	▪ Joe is on a diet. He's only eating **raw** vegetables at the moment.
kochen *v*	**to cook**; **to boil**
▪ Ich **werde** heute Abend **kochen** und du kannst den Abwasch machen.	▪ I'm **going to cook** tonight and you can do the dishes.
▪ Das Wasser **kocht**. Könntest du den Herd ausmachen?	▪ The water is **boiling**. Could you turn off the cooker?
backen, backt/bäckt, backte, hat gebacken *v-irr*	**to bake**; **to roast**
▪ Meine Mutter **hat** unser Brot immer selbst **gebacken**.	▪ My mother used to **bake** our bread herself.
▪ **Backe** das Fleisch im Ofen bei 200 Grad Celsius.	▪ **Roast** the meat in the oven at 200 degrees centigrade.
warm machen *phrase*	**to warm up**
▪ Wir müssen die Reste **warm machen**.	▪ We'll have to **warm up** the leftovers.
schneiden, schneidet, schnitt, hat geschnitten *v-irr*	**to cut**
▪ Wir bestellten eine große Pizza und **schnitten** sie in vier Teile.	▪ We ordered a large pizza and **cut** it into four pieces.

die **Scheibe,** Scheiben *n*	slice
▪ Marie bestrich eine **Scheibe** Toast mit Butter und Konfitüre.	▪ Marie spread butter and jam on a **slice** of toast.
die **Flasche,** Flaschen *n*	bottle
▪ Wir bestellten eine **Flasche** Wein zum Essen.	▪ We ordered a **bottle** of wine with our meal.
Tiefkühl- *n*	frozen
▪ Warum, glaubst du, essen die Menschen immer mehr **Tiefkühl**kost?	▪ Why do you think people are eating more and more **frozen** food?
vegetarisch *adj*	vegetarian
▪ Ich habe ein **vegetarisches** Kochbuch zum Geburtstag bekommen.	▪ I got a **vegetarian** cookbook for my birthday.
vegan *adj*	vegan
▪ Sie macht eine streng **vegane** Diät.	▪ She's been on a strict **vegan** diet.

Bread, Pastries and Cereals

das **Brot,** Brote *n*	bread
das **Brötchen,** die **Semmel** *A* Brötchen, Semmeln *n*	roll
die **Breze,** Brezen *n*	pretzel
der **Toast,** Toaste, Toasts *n*	toast
die **Nudeln** *n f pl*	noodles; pasta
der **Reis** *n*	rice
der **Kuchen,** Kuchen *n*	cake
die **Torte,** Torten *n*	gateau
der **Keks,** Kekse *n*	biscuit
➡ In Austria **das Keks** is also common.	
der **Muffin,** Muffins *n*	muffin

Fruit and Vegetables

das **Gemüse,** Gemüse *n*	vegetable
der **Salat,** Salate *n*	salad

➡ **Salat** can refer to **Kopfsalat** lettuce as well as the prepared dish, e.g. **Kartoffelsalat** potato salad, **gemischter Salat** mixed salad or **Tomatensalat** tomato salad.

die **Kartoffel,** der **Erdapfel** *A* Kartoffeln, Erdäpfel *n*	potato
die **Tomate,** der **Paradeiser** *A* Tomaten, Paradeiser *n*	tomato
die **Mohrrübe,** Mohrrüben *n*	carrot

➡ Other common translations are **Karotte** or **Möhre**. In Switzerland, **das Rüebli** is also used.

die **Gurke,** Gurken *n*	cucumber
die **Paprika,** Paprika, Paprikas *n*	bell pepper
die **Paprika,** die **Peperoni** *CH* Paprikas, Peperoni *n*	sweet pepper
das **Sauerkraut** *n*	sauerkraut
die **Zwiebel,** Zwiebeln *n*	onion
das **Obst** *n*	fruit
die **Frucht,** Früchte *n*	fruit
der **Apfel,** Äpfel *n*	apple
die **Birne,** Birnen *n*	pear
die **Kirsche,** Kirschen *n*	cherry
die **Erdbeere,** Erdbeeren *n*	strawberry
die **Aprikose,** die **Marille** *A* Aprikosen, Marillen *n*	apricot
der **Pfirsich,** Pfirsiche *n*	peach
die **Orange,** Orangen *n*	orange
die **Zitrone,** Zitronen *n*	lemon

Meat, Fish and Dairy Products

das **Fleisch** n	meat
das **Schweinefleisch** n	pork
das **Rindfleisch** n	beef
das **Kalbfleisch** n	veal
das **Hühnchen,** Hühnchen n	chicken
das **Steak,** Steaks n	steak
das **Würstchen,** Würstchen n	sausage
der **Schinken,** Schinken n	ham
die **Salami,** Salami, Salamis n	salami
der **Speck** n	bacon
der **Fisch,** Fische n	fish
der **Thunfisch,** der **Thon** CH Thunfische, Thons, Thone n	tuna
der **Lachs,** Lachse n	salmon
der **Kabeljau,** Kabeljaue, Kabeljaus n	cod
die **Garnele,** Garnelen n	prawn
die **Milch** n	milk
die **Butter** n	butter

➡ In Austria and Southern Germany **der Butter** is typical.

die **Sahne,** das **Obers** A n	cream
der **Käse,** Käse n	cheese

Spices, Herbs and Other Ingredients

das **Salz,** Salze *n*	salt
der **Pfeffer,** Pfeffer *n*	pepper
der **Essig,** Essige *n*	vinegar
das **Öl,** Öle *n*	oil
das **Ei,** Eier *n*	egg
der **Senf,** Senfe *n*	mustard
der **Ketchup,** Ketchups *n*	ketchup

Sweets, Snacks and Tobacco

die **Süßigkeiten** *n f pl*	sweets
das **Bonbon,** Bonbons *n*	sweet
die **Schokolade,** Schokoladen *n*	chocolate
das **Eis** *n*	ice cream
der **Zucker,** Zucker *n*	sugar
der **Honig,** Honige *n*	honey
die **Marmelade,** Marmeladen *n*	marmalade
die **Kartoffelchips** *n m pl*	crisps
die **Zigarette,** Zigaretten *n*	cigarette

Beverages

das **Getränk,** Getränke n	drink
der **Kaffee,** Kaffees n	coffee
der **Espresso,** Espressos n	espresso
der **Cappuccino,** Cappuccino, Cappuccinos n	cappuccino
der **Tee,** Tees n	tea
das **Mineralwasser,** Mineralwasser n	mineral water
der **Sprudel** n	sparkling water
der **Saft,** Säfte n	juice
die **Zitronenlimonade,** Zitronenlimonaden n	lemonade
die **Orangenlimonade,** Orangenlimonaden n	orangeade
die **(Coca-)Cola**® n	Coke®
der **Alkohol,** Alkohole n	alcohol
der **Wein,** Weine n	wine
das **Bier,** Biere n	beer
der **Rotwein,** Rotweine n	red wine
der **Weißwein,** Weißweine n	white wine
der **Rosé,** Rosés n	rosé
der **Sekt,** Sekte n	sparkling wine
der **Apfelwein,** Apfelweine n	cider
der **Drink,** Drinks n	drink
der **Eiswürfel,** Eiswürfel n	ice cube

Restaurants and Cafes

Restaurants

das **Restaurant,** Restaurants n	restaurant
die **Gaststätte,** Gaststätten n	restaurant
das **Gasthaus,** Gasthäuser n	restaurant
das **Café,** Cafés n	café
die **Pizzeria,** Pizzerias, Pizzerien n	pizzeria
die **Konditorei,** Konditoreien n	cake shop
die **Kneipe,** Kneipen n	pub

➡ People in German-speaking countries often meet up in a **Bar** or a **Kneipe**, which are equivalent to an English **pub**. Other options are to meet in a **Wirtshaus** or a **Schenke**, which are pubs offering accommodation, a bit like an English **inn**. Another expression **Lokal** is very neutral and may refer to both types.

Dishes and Snacks

das **Gericht** n	dish
die **Spezialität,** Spezialitäten n	speciality
die **Suppe,** Suppen n	soup
der **Braten,** Braten n	roast
das **Schnitzel,** Schnitzel n	schnitzel
die **Brotzeit,** Brotzeiten n	cold platter
der **Imbiss,** Imbisse n	snack
die **Pizza,** Pizzas, Pizzen n	pizza
das **Sandwich,** Sandwichs, Sandwiches n	sandwich
der **Hamburger,** Hamburger n	hamburger
die **Pommes frites** n f pl	chips

Serving, Ordering and Paying

das **Menü**, Menüs n	set meal
▪ Auf der Speisekarte standen nur drei **Menüs**.	▪ There were only three **set meals** on the menu.
die **Speisekarte**, Speisekarten n	menu
der **Gang**, Gänge n	course
das **Frühstück**, Frühstücke n	breakfast
frühstücken v	to have breakfast
▪ Wir **frühstückten** um sieben und fuhren dann zum Flughafen.	▪ We **had breakfast** at seven and then left for the airport.
das **Mittagessen**, Mittagessen n	lunch
zu Mittag essen phrase	to have lunch
▪ Wir aßen heute in der Cafeteria schnell **zu Mittag**.	▪ We just **had** a quick **lunch** in the cafeteria today.
das **Abendessen**, Abendessen n	supper; dinner
zu Abend essen phrase	to have dinner
▪ Wir aßen um 18 Uhr **zu Abend**, weil die Oper um 19 Uhr anfing.	▪ We **had dinner** at 6 pm because the opera started at 7 pm.
die **Vorspeise**, Vorspeisen n	starter
die **Hauptspeise**, Hauptspeisen n	main course
das **Hauptgericht**, Hauptgerichte n	main dish
die **Nachspeise**, Nachspeisen n	dessert
der **Nachtisch**, Nachtische n	dessert
herüberreichen v-sep	to pass
▪ Könnten Sie mir bitte die Butter **herüberreichen**?	▪ Could you **pass** the butter, please?
sich etw. nehmen phrase	to help oneself to sth.
▪ Bitte **nehmen** Sie **sich** Kaffee und Kuchen.	▪ Please **help yourself to** coffee and cake.
den Tisch decken phrase	to set the table
▪ Mama hat gekocht und ich habe **den Tisch gedeckt**.	▪ Mum made dinner and I **set the table**.

Serving, Ordering and Paying

den Tisch abräumen *phrase*
- Jemand muss **den Tisch abräumen**, bevor wir Karten spielen können.

to clear the table
- Somebody has to **clear the table** before we can play cards.

voll *adj*
- Kein Nachtisch für mich, bitte. Ich bin ziemlich **voll**.

full
- No dessert for me, please. I'm quite **full**.

leer *adj*
- Immer wenn mein Glas halb **leer** war, füllte es die Bedienung auf.

empty
- Whenever my glass was half **empty**, the waitress filled it up.

die **Reservierung,** **Reservierungen** *n*
- Braucht man für dieses Restaurant eine **Reservierung**?

reservation
- Do I need a **reservation** for this restaurant?

reservieren *v*
- Ich möchte einen Tisch für 20 Uhr **reservieren**.
- Ich möchte in Ihrem Restaurant einen Tisch **reservieren**.

to reserve; to book
- I'd like to **reserve** a table for 8 o'clock.
- I'd like to **book** a table at your restaurant.

die **Rechnung,** **Rechnungen** *n*
- Könnten Sie die **Rechnung** prüfen? Ich glaube, da ist ein Fehler.
- Kann ich die **Rechnung** mit Kreditkarte zahlen?

bill
- Could you check the **bill**? I think there's a mistake.
- Can I pay the **check** by credit card?

bezahlen *v*
- Ich möchte eine Tasse Kaffee und ein Stück Kuchen **bezahlen**.

to pay for
- I would like to **pay for** a cup of coffee and a piece of cake.

zahlen *v*
- Man **zahlt** für eine Tasse und kann so viel trinken, wie man möchte.

to pay for
- You **pay for** one cup and you can drink as much as you like.

das **Trinkgeld,** **Trinkgelder** *n*
- Ein **Trinkgeld** von 15 Prozent wird für die Bedienung erwartet.

tip
- A 15 per cent **tip** is expected for service.

inbegriffen *adj*
- In Deutschland ist die Bedienung meist **inbegriffen**.

included
- In Germany service is usually **included**.

Accommodation

Houses and Apartments

wohnen *v*
- Mit 28 **wohnt** er immer noch bei seinen Eltern.
- Ben **wohnte** in einem kleinen Hotel außerhalb von San Diego.

to live; to stay
- At 28 he's still **living** with his parents.
- Ben **stayed** in a small hotel outside of San Diego.

nach Hause *adv*
- Ich muss um acht **nach Hause**, bevor es dunkel wird.

home
- I have to go **home** at eight before it gets dark.

zu Hause *adv*
- Die meisten deutschen Familien feiern Weihnachten **zu Hause**.

at home
- Most German families celebrate Christmas **at home**.

bauen *v*
- Das Haus **wurde** in zehn Monaten **gebaut**.

to build
- The house **was built** in ten months.

das **Eigentum** *n*
- Nein, dieser Garten gehört nicht zu meinem **Eigentum**.

property
- No, this garden does not belong to my **property**.

das **Grundstück, Grundstücke** *n*
- Sie haben das **Grundstück** für drei Millionen Euro verkauft.

property
- They sold the **property** for EUR three million.

die **Miete, Mieten** *n*
- Jonas muss ausziehen. Er kann die **Miete** nicht mehr zahlen.

rent
- Jonas has to move out. He can't pay the **rent** anymore.

mieten *v*
- Lasst uns nach Malta fliegen und für eine Woche ein Auto **mieten**.

to hire
- Let's fly to Malta and **hire** a car for a week.

vermieten *v*
- Carla **vermietete** einige Zimmer ihres Hauses.

to let
- Carla **let** some of the rooms of her house.

(um)ziehen v-sep-irr
- Die Schmidts **sind** nach München **gezogen**.

to move
- The Schmidts **have moved** to Munich.

➡ Words with similar meaning are **einziehen**, **to move in** and **ausziehen**, **to move out**.

das **Haus**, Häuser n	home; house

➡ Words for different types of house include **Reihenhaus** terraced house, **Hochhaus** high rise (or **Wolkenkratzer** skyscraper) and **Einfamilienhaus** single-family house.

die **Wohnung**, Wohnungen n	flat
das **Apartment**, Apartments n	flat
das **Gebäude**, Gebäude n	building
der **Wohnblock**, Wohnblocks n	block
das **Stockwerk**, Stockwerke n	floor
die **Etage**, Etagen n	floor
das **Erdgeschoss**, Erdgeschosse n	ground floor
das **Parterre** n	ground floor
der **erste Stock** n	first floor
das **Dach**, Dächer n	roof
die **Baustelle**, Baustellen n	building site; construction site

Rooms and Living Areas

öffnen v
- Man braucht keinen Schlüssel, um die Kellertür zu **öffnen**.

to open
- You don't need a key to **open** the cellar door.

schließen, schließt, schloss, hat geschlossen v-irr
- **Schließ** die Fenster! Es regnet gleich.
- **Schließ** die Tür, damit die Katze nicht rauskann!

to shut; to close
- **Shut** the windows! It's going to rain.
- **Close** the door so the cat can't get out!

aufräumen v-sep
- Es ist mal wieder an der Zeit, dass du dein Zimmer **aufräumst**.

to tidy up
- It's about time you **tidied up** your room again.

innen *adv* • Ich habe das Haus noch nie von **innen** gesehen.	inside • I've never seen the building from the **inside**.
drinnen *adv* • Wir bleiben lieber **drinnen**, wenn es so kalt ist.	inside • We'd rather stay **inside** when it is so cold.
draußen *adv* • Die Kinder sind **draußen** und spielen mit dem Hund im Garten.	outside • The kids are **outside** playing with the dog in the garden.
das **Zimmer,** Zimmer *n*	room
die **Küche,** Küchen *n*	kitchen
das **Wohnzimmer,** Wohnzimmer *n*	living room
das **Esszimmer,** Esszimmer *n*	dining room
das **Schlafzimmer,** Schlafzimmer *n*	bedroom
das **Bad,** Bäder *n*	bathroom
die **Toilette,** Toiletten *n*	toilet
der **Keller,** Keller *n*	cellar
das **Fenster,** Fenster *n*	window
der **Fußboden,** Fußböden *n*	floor
die **Treppe,** Treppen *n*	stairs
der **Aufzug,** Aufzüge *n*	lift

➡ Other German words for **lift** are **der Fahrstuhl** and **der Lift.**

die **Wand,** Wände *n*	wall
die **Decke,** Decken *n*	ceiling

➡ Alternatively, **die Zimmerdecke** may also be used when referring to the **ceiling**. A second meaning for the word **Decke** is **blanket**.

der **Eingang,** Eingänge *n*	entrance
der **Ausgang,** Ausgänge *n*	exit
die **Tür,** Türen *n*	door
das **Tor,** Tore *n*	gate
der **Garten,** Gärten *n*	garden

die **Terrasse,** Terrassen *n*	**terrace**
der **Balkon,** Balkons, Balkone *n*	**balcony**
die **Garage,** Garagen *n*	**garage**

Facilities

Furnishings

das **Möbel,** Möbel *n*	**furniture**
das **Möbelstück,** Möbelstücke *n*	**piece of furniture**
möbliert *adj* • Es ist vielleicht ratsam, nach einer **möblierten** Wohnung zu suchen.	**furnished** • It might be advisable to look for a **furnished** flat.
sitzen, sitzt, saß, hat gesessen *v-irr* • Verzeihung, **sitzt** hier schon jemand?	**to sit** • Excuse me, **is** anyone **sitting** here?
sich hinsetzen *v-sep* • Haben Sie etwas dagegen, wenn ich **mich** hier **hinsetze**?	**to sit** • Do you mind if I **sit** here?
Platz nehmen *phrase* • Bitte **nehmen** Sie **Platz**, ich möchte anfangen.	**to have a seat** • Please **have a seat**, I'd like to begin.
bequem *adj* • Dieser Stuhl ist nicht sehr **bequem**.	**comfortable** • This chair is not very **comfortable**.
einschalten *v-sep* • Der Anrufbeantworter **ist eingeschaltet**.	**to turn on** • The answerphone **is turned on**.
ausschalten *v-sep* • Ich **habe** den Fernseher **ausgeschaltet** und bin eingeschlafen.	**to turn off** • I **turned off** the TV and fell asleep.
heizen *v* • Die meisten Leute **heizen** ihr Haus mit Gas.	**to heat** • Most people use gas to **heat** their homes.

der **Tisch,** Tische n	table
der **Stuhl,** Stühle n	chair
der **Sessel,** Sessel n	armchair
die **Couch,** Couchs, Couchen n	couch
das **Sofa,** Sofas n	sofa
der **Schrank,** Schränke n	cupboard
der **Kleiderschrank,** Kleiderschränke n	wardrobe
das **Regal,** Regale n	shelf
das **Bett,** Betten n	bed
das **Kissen,** Kissen n	pillow
die **Decke,** Decken n	blanket
die **Lampe,** Lampen n	lamp
das **Licht,** Lichter n	light
der **Teppich,** Teppiche n	carpet
die **Dusche,** Duschen n	shower
die **Badewanne,** Badewannen n	bath
der **Wasserhahn,** Wasserhähne n	tap
die **Heizung,** Heizungen n	heating

Housekeeping

der **Haushalt**, Haushalte *n*	household
• Viele **Haushalte** in England sind Ein-Personen-Haushalte.	• Many **households** in England are one-person households.
den Haushalt machen *phrase*	to run the household
• Becky arbeitet ganztags und **macht den Haushalt**.	• Becky works full-time and **runs the household**.
abschließen *v-sep-irr*	to lock
• Macht die Fenster zu und **schließt** die Türen **ab**, bevor ihr geht.	• Close the windows and **lock** the doors before you leave.
klingeln *v*	to ring the bell
• Keines von den Kindern traute sich zu **klingeln**.	• None of the children dared to **ring the bell**.
waschen, wäscht, wusch, hat gewaschen *v-irr*	to wash
• Muss ich diesen Wollpullover mit der Hand **waschen**?	• Do I have to **wash** this wool jumper by hand?
abwaschen *v-sep-irr*	to do the dishes
• Ich möchte noch **abwaschen**, bevor wir ausgehen.	• I'd like to **do the dishes** before we go out.
putzen *v*	to clean
• Deine Fenster sind schmutzig. Du musst sie öfter **putzen**.	• Your windows are dirty. You've got to **clean** them more often.
sauber *adj*	tidy; clean
• Die Küche war ein Durcheinander, aber jetzt ist sie wieder **sauber**.	• The kitchen was a mess, but now it's **tidy** again.
• Die Fenster waren schmutzig. Jetzt sind sie wieder **sauber**.	• The windows were dirty. Now they're **clean** again.
schmutzig *adj*	dirty
• Meine Hände sind **schmutzig**. Ich muss sie waschen.	• My hands are **dirty**. I've got to wash them.
trocknen *v*	to dry
• Häng bitte deinen Regenmantel ins Bad, damit er **trocknet**.	• Please hang up your raincoat in the bathroom to **dry**.
das **Schloss**, Schlösser *n*	lock
der **Schlüssel**, Schlüssel *n*	key

der **Kühlschrank,** Kühlschränke *n*	fridge
die **Kaffeemaschine,** Kaffeemaschinen *n*	coffee machine; coffee maker
der **Herd,** Herde *n*	cooker
die **Spülmaschine,** Spülmaschinen *n*	dish washer
der **Topf,** Töpfe *n*	pot
die **Schüssel,** Schüsseln *n*	dish
das **Geschirr,** Geschirre *n*	dishes
der **Teller,** Teller *n*	plate
die **Tasse,** Tassen *n*	cup
die **Untertasse,** Untertassen *n*	saucer
das **Glas,** Gläser *n*	glass
die **Gabel,** Gabeln *n*	fork
das **Messer,** Messer *n*	knife
der **Löffel,** Löffel *n*	spoon
der **Teelöffel,** Teelöffel *n*	teaspoon
das **Feuerzeug,** Feuerzeuge *n*	lighter
die **Waschmaschine,** Waschmaschinen *n*	washing machine
der **Spiegel,** Spiegel *n*	mirror
das **Handtuch,** Handtücher *n*	towel
der **Föhn,** Föhne *n*	hairdryer
der **Wecker,** Wecker *n*	alarm clock
die **Klimaanlage,** Klimaanlagen *n*	air conditioning
die **Kiste,** Kisten *n*	box

➡ In German **Kiste** refers to a **large box** or crate. A **small box** is called a **Schachtel**.

der **Mülleimer,** Mülleimer *n*	rubbish bin

Tourism and Travel

Travel

der Urlaub, Urlaube *n*
- Im August haben viele Leute **Urlaub**.

holiday
- In August many people are on **holiday**.

die Ferien *n pl*
- In den **Ferien** fahren wir immer nach Spanien.

holidays
- We always go to Spain during the **holidays**.

die Reise, Reisen *n*
- Es ist eine dreitägige **Reise** mit der Bahn zur Westküste.
- Ich möchte eine **Reise** um die ganze Welt machen.

journey; trip
- It's a three-day **journey** by train to the west coast.
- I'd like to take a **trip** round the whole world.

reisen *v*
- Viele Menschen **reisen** gern in exotische Länder.

to travel
- Many people like **travelling** to exotic countries.

abreisen *v-sep*
- Ich muss leider am Samstagmorgen **abreisen**.

to leave
- I'm afraid I'll have to **leave** on Saturday morning.

abfahren *v-sep-irr*
- Der Zug **fährt** von Gleis drei **ab**.

to depart
- The train **departs** from platform three.

hinkommen *v-sep-irr*
- Wie **kommen** wir dort **hin** – mit dem Zug?

to get there
- How do we **get there** – by train?

die Rückkehr *n*
- Eine große Menschenmenge beobachtete die **Rückkehr** der Raumfähre.

return
- A large crowd watched the **return** of the Space Shuttle.

zurückkehren *v-sep*
- Karl ist am 15. abgereist und **wird** am 20. **zurückkehren**.

to return
- Karl left on the 15th and **will return** on the 20th.

Travel

zurückkommen *v-sep-irr*
- Um wie viel Uhr, denkst du, **werden** wir **zurückkommen**?

to get back
- What time **will** we **be getting back**, do you think?

---

das Reisebüro, Reisebüros *n*
- Benjamin hat alle seine Flüge über sein **Reisebüro** gebucht.

travel agency
- Benjamin booked all his flights at his **travel agency**.

---

der Tourismus *n*
- Das Einkommen vieler Menschen hier ist vom **Tourismus** abhängig.

tourism
- Many people here depend on **tourism** for their income.

---

der Tourist, die Touristin, Touristen *n*
- Im Sommer besuchen viele **Touristen** die Hauptstadt.

tourist
- In summer many **tourists** visit the capital.

---

touristisch *adj*
- Ich mag diese Gegend im Sommer nicht. Sie ist so **touristisch**.

touristy
- I don't like this area in the summer. It's so **touristy**.

---

buchen *v*
- Maria **hat** einen Flug nach Rom **gebucht**.

to book
- Maria **booked** a flight to Rome.

---

absagen *v-sep*
- Joe musste seine Reise nach Südafrika **absagen**.

to cancel
- Joe had to **cancel** his trip to South Africa.

---

packen *v*
- Nicolas fährt morgen, **hat** aber noch nicht **gepackt**.

to pack
- Nicolas is leaving tomorrow but he **hasn't packed** yet.

---

das Gepäck *n*

luggage

---

der Koffer, Koffer *n*

(suit)case

---

die Papiere *n n pl*

documents

---

der Ausweis, Ausweise *n*

identification

---

der Personalausweis, Personalausweise *n*

identity card

---

der Pass, Pässe *n*

passport

---

gültig *adj*
- Ihr Pass ist nicht mehr **gültig**. Er ist letzte Woche abgelaufen.

valid
- Your passport is no longer **valid**. It expired last week.

---

ungültig *adj*

invalid

Staying Overnight

die **Übernachtung,** Übernachtungen *n*	night
übernachten *v*	to spend the night
das **Hotel,** Hotels *n*	hotel
die **Unterkunft,** Unterkünfte *n*	accommodation
die **Pension,** Pensionen *n*	guest house; bed and breakfast
das **Motel,** Motels *n*	motel
die **Jugendherberge,** Jugendherbergen *n*	youth hostel
die **Rezeption,** Rezeptionen *n*	reception
das **Einzelzimmer,** Einzelzimmer *n*	single room
das **Doppelzimmer,** Doppelzimmer *n*	double room
einchecken *v-sep*	to check in
auschecken *v-sep*	to check out
das **Camping** *n*	camping
der **Campingplatz,** Campingplätze *n*	campsite
zelten gehen *phrase*	to go camping
das **Zelt,** Zelte *n*	tent
der **Schlafsack,** Schlafsäcke *n*	sleeping bag

Places of Interest

die **Sehenswürdigkeit,** **Sehenswürdigkeiten** n	sight
▪ Ich habe eine Liste mit den wichtigsten **Sehenswürdigkeiten**.	▪ I have a list of the most important **sights**.
die **Besichtigung, Besichtigungen** n	sightseeing tour
▪ Die **Besichtigung** beginnt um 10 Uhr.	▪ The **sightseeing tour** begins at 10 am.
besichtigen v	to visit
▪ Wir **haben** viele Schlösser in dieser Gegend **besichtigt**.	▪ We've **visited** many castles in the region.
der **Ausflug, Ausflüge** n	trip
▪ Was hältst du von einem **Ausflug** ans Meer?	▪ What do you think about taking a **trip** to the seaside?
die **Führung, Führungen** n	guided tour
▪ Eine **Führung** ist im Eintrittsgeld inbegriffen.	▪ A **guided tour** is included in the admission.
führen v	to lead
▪ Sie **führte** uns auch durch die Privatgemächer des Prinzen.	▪ She also **led** us through the prince's private chambers.
der **Eintritt, Eintritte** n	admission
▪ Der **Eintritt** für dieses Museum kostet 9,50 Euro.	▪ **Admission** to this museum costs EUR 9.50.
die **Kirche, Kirchen** n	church
▪ Diese **Kirche** ist das schönste Gebäude, das ich je gesehen habe.	▪ This **church** is the most beautiful building I've ever seen.
der **Dom, Dome** n	cathedral
▪ Auf unserer Fahrt rheinabwärts besuchten wir auch den Kölner **Dom**.	▪ On our trip down the Rhine we also visited Cologne **Cathedral**.
die **Synagoge, Synagogen** n	synagogue
▪ Es dauerte fast fünf Jahre, die **Synagoge** wieder aufzubauen.	▪ It took almost five years to rebuild the **synagogue**.
die **Moschee, Moscheen** n	mosque
▪ Die Hagia Sophia ist keine **Moschee** mehr, sie ist ein Museum.	▪ Hagia Sophia is not a **mosque** anymore, it's a museum.

das **Museum,** Museen *n*
- Einige der interessantesten **Museen** sind in Berlin.

museum
- Some of the most interesting **museums** are in Berlin.

der **Saal,** Säle *n*
- Der König gab früher Bankette im Großen **Saal** der Burg.

hall
- The king used to give banquets in the Great **Hall** of the castle.

der **Turm,** Türme *n*
- Dieser **Turm** war früher das höchste Gebäude unseres Landes.

tower
- This **tower** used to be the tallest building in our country.

das **Schloss,** Schlösser *n*
- Das **Schloss** in Heidelberg ist absolut sehenswert.

castle
- The **castle** in Heidelberg is definitely worth seeing.

der **Palast,** Paläste *n*
- Man sagte uns, dass der **Palast** mehr als 250 Zimmer hatte.

palace
- They told us the **palace** had more than 250 rooms.

Location Information

der **Ort,** Orte *n*
- Ich kenne diesen **Ort**. Ich war hier schon mal.

place
- I know this **place**. I've been here before.

das **Dorf,** Dörfer *n*
- Ich wurde in einem kleinen **Dorf** geboren.

village
- I was born in a small **village**.

die **Stadt,** Städte *n*
- Michael würde gern in eine kleine **Stadt** ziehen.
- In der **Stadt** haben es die Menschen immer eilig.

town; city
- Michael would like to move to a small **town**.
- People in the **city** are always in a hurry.

die **Stadtmitte,** Stadtmitten *n*
- Fährt dieser Bus in die **Stadtmitte**?

city centre
- Is this bus going to the **city centre**?

das **Stadtzentrum,** Stadtzentren *n*
- Das **Stadtzentrum** ist nachts ziemlich tot.

- **Downtown** is pretty dead at night.

der **Vorort,** Vororte *n*
- Viele Menschen wohnen in den **Vororten** großer Städte, arbeiten aber im Zentrum.

suburb
- Many people live in the **suburbs** of large cities, but work in the city centre.

das **Viertel,** Viertel *n*
- Die Wohnungen in diesem **Viertel** sind sehr teuer.

quarter
- Accommodation in this **quarter** is very expensive.

der **Stadtteil,** Stadtteile *n*
- In welchem **Stadtteil** wohnst du?

part of town
- Which **part of town** do you live in?

die **Kreuzung,** Kreuzungen *n* — crossroad

der **Platz,** Plätze *n* — square

die **Straße,** Straßen *n* — street; road

die **Landstraße,** Landstraßen *n* — road

die **Autobahn,** Autobahnen *n* — motorway

der **Parkplatz,** Parkplätze *n* — parking space; car park

das **Parkhaus,** Parkhäuser *n* — multi-storey car park

der **Gehweg,** Gehwege *n* — pavement

die **Brücke,** Brücken *n* — bridge

der **Park,** Parks *n* — park

der **Friedhof,** Friedhöfe *n* — cemetery

der **Stadtplan,** Stadtpläne *n* — map

die **Landkarte,** Landkarten *n* — map

Public Transport

Local Public Transport

der **Fahrgast**, **Fahrgäste** *n*	passenger
die **U-Bahn**, **U-Bahnen** *n*	underground
die **S-Bahn**®, **S-Bahnen** *n*	suburban train
die **Straßenbahn**, **Straßenbahnen** *n*	tram
der **Bus**, **Busse** *n*	bus
die **Linie**, **Linien** *n*	line
die **Haltestelle**, **Haltestellen** *n*	(bus) stop
die **Fahrkarte**, das **Billett** *CH* **Fahrkarten**, **Billetts** *n*	ticket
umsteigen *v-sep-irr* ▪ Sie müssen an der nächsten Haltestelle **umsteigen**.	to change trains ▪ You have to **change trains** at the next station.
die **Verspätung**, **Verspätungen** *n* ▪ Auf dem Flughafen gab es viele **Verspätungen** wegen Nebels.	delay ▪ There were lots of **delays** at the airport due to fog.
warten auf *phrase* ▪ Wie lange **warten** Sie schon **auf** den Bus?	to wait for ▪ How long **have** you **been waiting for** the bus?
das **öffentliche Verkehrsmittel**, **öffentlichen Verkehrsmittel** *n* ▪ Sie wohnen in einer Gegend ohne **öffentliche Verkehrsmittel**.	(means of) public transport ▪ They live in an area without any **means of public transport**.

Railway Transportation

der **Bahnhof,** Bahnhöfe *n*	station; railway station

➡ **Bahnhof** is mostly shortened to **Bhf** and **Hauptbahnhof** main station to **Hbf**.

der **Zug,** Züge *n*	train
die **Eisenbahn,** Eisenbahnen *n*	railway

➡ Another word for **Eisenbahn** in German is **die Bahn**, plural **die Bahnen**. Examples are **Deutsche Bahn**, **Österreichische Bundesbahnen** and **Schweizerische Bundesbahnen**.

der Fahrplan, Fahrpläne *n* — timetable
- Man kann die Abfahrts- und Ankunftszeiten dem **Fahrplan** entnehmen.
- You can see the departure and arrival times on the **timetable**.

die Abfahrt, Abfahrten *n* — departure
- Nach der **Abfahrt** des Zuges war der Bahnhof sehr still.
- After the **departure** of the train, the station was very quiet.

die Ankunft, Ankünfte *n* — arrival
- Wegen Nebels wird es manche verspätete **Ankunft** geben.
- Due to fog there will be some late **arrivals**.

mit dem Zug fahren *phrase* — to go by train
- Das letzte Mal **ist** David **mit dem Zug** nach London **gefahren**.
- David **went** to London **by train** last time.

➡ When talking about modes of transport, you need to use the preposition **mit** in German: **mit dem Bus fahren** to go by bus, **mit dem Auto fahren** to go by car.

verpassen *v* — to miss
- Adrian **verpasste** sein Flugzeug, weil der Zug Verspätung hatte.
- Adrian **missed** his plane because the train was late.

der Fahrkartenschalter, Fahrkartenschalter *n* — ticket office
- Es gibt keinen Grund, am **Fahrkartenschalter** Schlange zu stehen.
- There's no need to queue at the **ticket office**.

die Auskunft *n* — information desk
- Wenn Sie Informationen brauchen, fragen Sie bitte an der **Auskunft**.
- If you need any information, please ask at the **information desk**.

Railway Transportation

die **Verbindung,** Verbindungen *n* ▪ Leider gibt es hier keine direkte **Verbindung**. ▪ Die **Verbindung** in dieses Dorf ist nur in den Ferien in Betrieb.	connection; service ▪ Unfortunately there's no direct **connection** here. ▪ The **service** in this village only runs during the holidays.
die **Rückfahrkarte,** Rückfahrkarten *n* ▪ Möchten Sie eine einfache oder eine **Rückfahrkarte**? ▪ Eine **Rückfahrkarte** nach Philadelphia, bitte.	return ticket; round-trip ticket ▪ Do you want a single or a **return ticket**? ▪ A **round-trip ticket** to Philadelphia, please.
durchgehend *adj* ▪ Sonia nahm den **durchgehenden** Zug von Hamburg nach München.	direct ▪ Sonia took the **direct** train from Hamburg to Munich.
das **Abteil,** Abteile *n* ▪ Alle in meinem **Abteil** telefonierten gleichzeitig.	compartment ▪ Everybody in my **compartment** was on the phone at the same time.
der **Schaffner,** die **Schaffnerin,** Schaffner *n* ▪ Ich hatte eine Frage, aber der **Schaffner** war nirgendwo in Sicht.	conductor ▪ I had a question, but the **conductor** was nowhere in sight.
der **Sitzplatz,** Sitzplätze *n* ▪ Entschuldigen Sie, aber Sie sitzen auf meinem **Sitzplatz**.	seat ▪ Excuse me, but you're sitting in my **seat**.
der **Bahnsteig,** der **Perron** *CH* Bahnsteige, Perrons *n* ▪ Ihr Anschlusszug fährt vom selben **Bahnsteig**.	platform ▪ Your connection leaves from the same **platform**.
das **Gleis,** Gleise *n* ▪ Ihr Zug fährt von **Gleis** 5 ab. ▪ Nach dem Gewitter lagen einige Bäume auf den **Gleisen**.	platform; track ▪ Your train departs from **platform** 5. ▪ Several trees were lying on the **tracks** after the storm.
die **Schiene,** Schienen *n* ▪ Reisende dürfen die **Schienen** nicht überqueren.	rail ▪ Passengers must not cross the **rails**.
der **Schnellzug,** Schnellzüge *n* ▪ Warum fährst du nicht mit dem **Schnellzug** nach Edinburgh?	express train ▪ Why don't you travel to Edinburgh by **express train**?

der **Regionalzug,** Regionalzüge *n* • Gestern ist ein Güterzug mit einem **Regionalzug** zusammengestoßen.	local train • A freight train hit a **local train** yesterday.
der **Vorortzug,** Vorortzüge *n* • Stewart nimmt jeden Morgen den **Vorortzug**.	commuter train • Stewart takes the **commuter train** every morning.

Air and Sea Transportation

der **Flug,** Flüge *n* • Ich suche nach einem günstigen **Flug** nach Mexiko Stadt.	flight • I'm looking for a reasonable **flight** to Mexico City.
fliegen, fliegt, flog, ist geflogen *v-irr* • **Fliegst** du oder nimmst du den Zug?	to fly • Are you going to **fly** or take the train?
die **Fluggesellschaft,** Fluggesellschaften *n* • Viele **Fluggesellschaften** bieten Nonstop-Flüge nach New York an.	airline • Many **airlines** offer nonstop flights to New York.
der **Flugplan,** Flugpläne *n* • Ist Julians Flug gemäß **Flugplan** angekommen?	schedule • Did Julian's flight arrive according to **schedule**?
das **Flugzeug,** Flugzeuge *n*	plane
der **Flughafen,** Flughäfen *n*	airport
der **Flugsteig,** Flugsteige *n*	gate
das **Terminal,** Terminals *n*	terminal
starten *v* • Das Flugzeug nach Tokio **ist** vor zehn Minuten **gestartet**.	to take off • The plane for Tokyo **took off** ten minutes ago.
landen *v* • Wir **sind** nach einem sechsstündigen Flug in London **gelandet**.	to land • We **landed** in London after a six-hour flight.
das **Schiff,** Schiffe *n*	ship; boat
das **Boot,** Boote *n*	boat
der **Hafen,** Häfen *n*	port; harbour

die **Fähre,** Fähren *n* — ferry

auslaufen *v-sep-irr* — to put to sea
- Am letzten Tag **liefen** wir aus dem Hafen von Montevideo **aus**.
- On our final day we **put to sea** from the port of Montevideo.

sinken, sinkt, sank, ist gesunken *v-irr* — to sink
- Die Fähre **sank** innerhalb von Minuten.
- The ferry **sank** within minutes.

Private Transport

der **Verkehr** *n* — traffic
- An dem Wochenende ist immer viel **Verkehr** auf den Straßen.
- There's always a lot of **traffic** on the roads that weekend.

das **Auto,** Autos *n* — car

der **Wagen,** Wagen *n* — car

das **Hybridauto,** Hybridautos *n* — hybrid car

das **Motorrad,** Motorräder *n* — motorbike

das **Taxi,** Taxis *n* — taxi

der **Fahrer,** die **Fahrerin,** Fahrer *n* — driver

fahren, fährt, fuhr, ist gefahren *v-irr* — to drive; to go
- Mit 18 hat Chris **fahren** gelernt.
- Chris learned how to **drive** when he was 18.
- Es ist viel zu kalt, um zu laufen. Lass uns mit dem Bus **fahren**.
- It's much too cold to walk. Let's **go** by bus.

der **Führerschein,** Führerscheine *n* — driving licence
- Hier muss man 17 sein, wenn man den **Führerschein** machen will.
- You have to be 17 to get your **driving licence** here.

das **Fahrrad,** das **Velo** *CH* Fahrräder, Velos *n* — bicycle

Fahrrad fahren *phrase* — to ride a bike
- Karen war drei, als ihr Vater ihr beibrachte, **Fahrrad** zu **fahren**.
- Karen was three when her father taught her how to **ride a bike**.

die **Route,** Routen *n* • Ich zeigte ihr die **Route** im Internet.	route • I showed her the **route** on the Internet.
vorwärts fahren *phrase* • Patrick **fuhr** ein paar Meter **vorwärts** und hielt den Wagen an.	to go forward • Patrick **went forward** a few metres and stopped the car.
rückwärts fahren *phrase* • Vorsicht, **fahre** nicht zu weit **rückwärts**. Da ist eine Mauer.	to reverse • Careful, don't **reverse** too far. There's a wall.
der **Reifen,** der **Pneu** *CH* Reifen, Pneus *n*	tyre
die **Ampel,** Ampeln *n*	traffic lights
das **Schild,** Schilder *n*	road sign
überqueren *v* • Man darf bei Rot die Straße nicht **überqueren**.	to cross • You mustn't **cross** the street when the light is red.
parken, parkieren *CH v* • Wenn du hier **parkst**, wirst du einen Strafzettel bekommen.	to park • If you **park** here, you'll get a ticket.
das **Benzin,** Benzine *n*	petrol
der **Diesel,** Diesel *n*	diesel
die **Tankstelle,** Tankstellen *n*	garage; petrol station
volltanken *v-sep* • Wir müssen den Wagen noch **volltanken**, bevor wir morgen losfahren.	to fill up • We have to **fill up** the car before we leave tomorrow.

Nature and the Environment

Animals and Plants

das **Tier,** Tiere n	animal
die **Kuh,** Kühe n	cow
der **Stier,** Stiere n	bull
das **Kalb,** Kälber n	calf
das **Schwein,** Schweine n	pig
das **Schaf,** Schafe n	sheep
die **Ziege,** Ziegen n	goat
das **Pferd,** Pferde n	horse
das **Huhn,** Hühner n	chicken
der **Hund,** Hunde n	dog
die **Katze,** Katzen n	cat
die **Maus,** Mäuse n	mouse
der **Vogel,** Vögel n	bird
der **Fisch,** Fische n	fish
die **Pflanze,** Pflanzen n	plant
der **Wald,** Wälder n	forest; wood
der **Baum,** Bäume n	tree
das **Blatt,** Blätter n	leaf
die **Blume,** Blumen n	flower
die **Rose,** Rosen n	rose
das **Gras,** Gräser n	grass
das **Getreide,** Getreide n	grain

Landscape

die **Landschaft,** Landschaften *n* • Wir wanderten durch die dramatische **Landschaft** des Lake District. • Man sieht herrliche **Landschaft** in der Schweiz.	landscape; scenery • We walked through the dramatic **landscape** of the Lake District. • You can see fantastic **scenery** in Switzerland.
das **Gebiet,** Gebiete *n* • Es gibt viele Schlangen in diesem **Gebiet**.	area • There are lots of snakes in this **area**.
die **Region,** Regionen *n* • Diese **Region** Österreichs bekommt viel Sonnenschein ab.	region • This **region** of Austria gets a lot of sunshine.
regional *adj* • Der Konflikt wird nicht mehr als **regional** eingestuft.	regional • The conflict is no longer considered to be **regional**.
überregional *adj* • Ich habe eine **überregionale** Zeitung abonniert.	national • I've subscribed to a **national** paper.
der **Kontinent,** Kontinente *n* • Der australische **Kontinent** wurde vor 60.000 Jahren besiedelt.	continent • The Australian **continent** was populated 60,000 years ago.
das **Land,** Länder *n* • Würdest du lieber in der Stadt oder auf dem **Land** leben? • Um Rinder zu züchten, braucht man viel **Land**.	country; land • Would you rather live in the city or in the **country**? • You need a lot of **land** to raise cattle.
der **Erdboden** *n* • In der Arktis ist der **Erdboden** fast das ganze Jahr gefroren.	ground; soil • In the Arctic the **ground** is frozen nearly all year round.

➡ The shorter word for **Erdboden** is **der Boden**.

das **Gebirge,** Gebirge *n*	mountains
der **Berg,** Berge *n*	mountain
der **Gipfel,** Gipfel *n*	peak
der **Hügel,** Hügel *n*	hill

Landscape

das **Wasser** n	water
das **Meer,** Meere n	sea
der **Ozean,** Ozeane n	ocean
das **Mittelmeer** n	Mediterranean (Sea)
der **Atlantik** n	Atlantic (Ocean)
der **Pazifik** n	Pacific (Ocean)
die **Welle,** Wellen n	wave
die **Küste,** Küsten n	coast; seaside
der **Strand,** Strände n	beach
der **Fluss,** Flüsse n	river
der **See,** Seen n	lake
das **Ufer,** Ufer n	bank
die **Insel,** Inseln n	island
die **Wüste,** Wüsten n	desert
der **Weg,** Wege n	path
der **Pfad,** Pfade n	path

Compass Directions

der **Norden** *n*	north
nördlich von *phrase* ▪ Er ist in einem kleinen Dorf **nördlich von** der Hauptstadt geboren.	(to the) north of ▪ He was born in a village **to the north of** the capital.
der **Süden** *n*	south
südlich von *phrase* ▪ Die Altstadt liegt **südlich von** der Autobahn.	(to the) south of ▪ The old city is **to the south of** the motorway.
der **Westen** *n*	west
westlich von *phrase* ▪ Der Vorort liegt **westlich von** der Stadtmitte.	(to the) west of ▪ The suburb is **west of** the town centre.
der **Osten** *n*	east
östlich von *phrase* ▪ Die Küste ist **östlich von** hier.	(to the) east of ▪ The coast is **to the east of** here.

Space

die **Welt,** Welten *n*	world
die **Erde** *n*	earth
das **All** *n*	space
der **Weltraum** *n*	space
der **Himmel,** Himmel *n*	sky
die **Luft,** Lüfte *n*	air
der **Mond,** Monde *n*	moon
der **Stern,** Sterne *n*	star
die **Sonne,** Sonnen *n*	sun
der **Satellit,** Satelliten *n*	satellite

Environment, Weather and Climate

das **Wetter** *n*
- Das **Wetter** ist zu mild für Schnee.

weather
- The **weather** is too mild for snow.

das **Klima** *n*
- In Südeuropa ist das **Klima** viel zu warm für mich.

climate
- In southern Europe the **climate** is much too warm for me.

die **Temperatur, Temperaturen** *n*
- Man muss viel trinken, wenn die **Temperaturen** so hoch sind.

temperature
- You have to drink a lot when the **temperature** is so high.

die **Hitze** *n*

heat

heiß *adj*
- Im Sommer wird es in Kalifornien sehr **heiß**.

hot
- In the summer it gets very **hot** in California.

die **Wärme** *n*

warmth

warm *adj*
- Mir war ziemlich **warm** unter der Decke.

warm
- I was quite **warm** under the blanket.

die **Kälte** *n*

cold

kalt *adj*
- New York ist im Sommer zu warm und im Winter zu **kalt**.

cold
- New York is too hot in summer and too **cold** in winter.

kühl *adj*
- Selbst im August ist es in den Bergen angenehm **kühl**.

cool
- It's pleasantly **cool** in the mountains, even in August.

die **Wolke, Wolken** *n*
- Der Himmel war blau und ohne **Wolken**.

cloud
- The sky was blue and there were no **clouds**.

bewölkt *adj*
- Die Wettervorhersage lautet: teilweise **bewölkt**, aber kein Regen.

cloudy
- The weather forecast is for it to be partly **cloudy** but no rain.

der **Regen** *n*
- Es ist so heiß und trocken, wir brauchen **Regen**.

rain
- It's so hot and dry, we need some **rain**.

Environment, Weather and Climate 125

regnen *v*
- Ihr könnt nicht zum Strand gehen, es **regnet** noch.

to rain
- You can't go to the beach, it's still **raining**.

➡ When speaking about the weather in German, the impersonal form is used: **Es regnet/schneit.** It's raining/snowing. **Es ist sonnig.** It's sunny. **Es ist bewölkt.** It's cloudy. (But: **Die Sonne scheint.** The sun is shining.)

trocken *adj*
- Im letzten Sommer war es sehr heiß und zu **trocken**.

dry
- Last summer it was very hot and too **dry**.

nass *adj*
- Nach dem Regenguss war ich durch und durch **nass**.

wet
- After the rainshower I was **wet** through.

der **Wind, Winde** *n*
- Ich würde gern segeln gehen, aber es ist nicht genug **Wind** da.

wind
- I'd like to go sailing but there isn't enough **wind**.

windig *adj*
- In der Bergen ist es auch im Sommer oft **windig**.

windy
- In the mountains it's often **windy** even in summer.

blasen,
bläst, blies, hat geblasen *v-irr*
- Der starke Wind **blies** die Regenwolken fort.

to blow

- The strong wind **blew** the rainclouds away.

der **Sturm, Stürme** *n*
- Das Boot geriet in einen **Sturm** und sank.

storm
- The boat got into a **storm** and sank.

stürmisch *adj*
- Wir verbrachten eine raue und **stürmische** Nacht in den Bergen.

stormy
- We spent a rough and **stormy** night in the mountains.

das **Gewitter, Gewitter** *n*
- Das Flugzeug geriet in ein **Gewitter** und wurde vom Blitz getroffen.

thunderstorm
- The plane got into a **thunderstorm** and was struck by lightning.

der **Nebel, Nebel** *n*
- Wegen **Nebels** war der Flughafen für mehrere Stunden geschlossen.

fog
- The airport was closed for several hours because of **fog**.

neblig *adj*
- Es war so **neblig**, dass man fast nichts sehen konnte.

foggy
- It was so **foggy**, you could see hardly anything.

Environment, Weather and Climate

das **Eis** n
- Das **Eis** auf dem Teich ist noch zu dünn, um darauf zu gehen.

ice
- The **ice** on the pond is still too thin to walk on.

der **Schnee** n
- Letzten Winter hatten wir kaum **Schnee**; es war zu mild.

snow
- We had hardly any **snow** last winter; it was too mild.

schneien v
- Es **hat** letzte Nacht hier **geschneit**, was nicht häufig geschieht.

to snow
- It **snowed** here last night, which doesn't happen often.

das **Feuer, Feuer** n
- Das **Feuer** zerstörte mehrere Häuser.

fire
- The **fire** destroyed several houses.

brennen, brennt, brannte, hat gebrannt v-irr
- Der Wald **brannte** die ganze Nacht.

to burn
- The forest **burnt** throughout the night.

die **Überschwemmung, Überschwemmungen** n
- Nach den schweren Regenfällen war die Gefahr von **Überschwemmungen** sehr groß.
- Während der Regenzeit gibt es schwere **Überschwemmungen**.

flooding; flood
- After the heavy rainfall, there was a very high risk of **flooding**.
- There are severe **floods** during the rainy season.

das **Erdbeben, Erdbeben** n
- In einigen Regionen der Welt gibt es immer wieder gefährliche **Erdbeben**.

earthquake
- In some parts of the world, there are **earthquakes** time and again.

die **Umwelt** n
- Nichts verschmutzt die **Umwelt** mehr als das Öl.

environment
- Oil pollutes the **environment** more than anything else.

der **Treibhauseffekt, Treibhauseffekte** n
- Der **Treibhauseffekt** ist der Prozess, der die Erdatmosphäre erwärmt.

greenhouse effect
- The **greenhouse effect** is the process that warms the earth's atmosphere.

der **Klimawandel** n
- Viele Menschen glauben, dass der **Klimawandel** nicht mehr aufzuhalten ist.

climate change
- Many people think that **climate change** is unstoppable.

Communication and Media

Post

die Post *n*
- Ich kann Ihnen den Brief mit der **Post** schicken oder ihn faxen.

post
- I can send you the letter by **post** or I can fax it.

aufgeben *v-sep-irr*
- Denken Sie daran, das Päckchen zwei Wochen vorher **aufzugeben**.

to post
- Make sure you **post** the parcel two weeks in advance.

schicken *v*
- Ich **schicke** Ihnen eine Kopie des Vertrags per E-Mail.

to send
- I'll **send** you a copy of the contract by e-mail.

die **Postleitzahl**, Postleitzahlen *n*	postcode
das **Postamt**, Postämter *n*	post office

➡ An alternative word for **Postamt** is **die Post**.

der **Brief**, Briefe *n*	letter
die **Postkarte**, Postkarten *n*	postcard
das **Päckchen**, Päckchen *n*	parcel
die **Briefmarke**, Briefmarken *n*	stamp
Liebe …, Lieber … *phrase*	Dear …

➡ In German letters or e-mails you normally start by putting **Liebe/r** Dear followed by the persons first name or surname: **Lieber Thomas** or **Liebe Elke** or **Lieber Herr Meyer**. In official correspondence you can use **Sehr geehrte Frau Schumann** Dear Mrs Schumann or **Sehr geehrter Herr Müller**. Next comes a comma and the following line starts with a lower-case letter.

Mit freundlichen Grüßen *phrase*
- **Mit freundlichen Grüßen** Ihre Emily Post

Yours sincerely
- **Yours sincerely** Emily Post

➡ Germans usually sign off their letters and e-mails with the phrase **Viele/Liebe/Herzliche Grüße**. In formal letters, however, they often use **Mit freundlichen Grüßen**.

Print Media and Broadcasting

die **Information**, Informationen *n*
- Die Lokalzeitung enthält **Informationen** über die Gottesdienste.

information
- The local paper contains **information** about church services.

informieren *v*
- Dieses Programm **informiert** die Menschen über aktuelle Ereignisse.

to inform
- This programme **informs** people about current events.

die **Nachrichten** *n f pl*
- Es ist 10 Uhr, lass uns die **Nachrichten** hören.

news
- It's 10 o'clock, let's listen to the **news**.

➡ If **die Nachricht** is used in the singular, it means **information** or **message**. **Ich habe eine wichtige Nachricht für dich. I have an important message for you.**

die **Zeitung**, Zeitungen *n* — newspaper; paper

die **Zeitschrift**, Zeitschriften *n* — magazine

➡ Other common terms for **magazine** in German are **die Illustrierte** or **das Magazin**.

der **Artikel**, Artikel *n*
- Ich habe gerade einen **Artikel** über die globale Erwärmung gelesen.

article
- I've just finished reading an **article** on global warming.

die **Ausgabe**, Ausgaben *n*
- Wo ist die letzte **Ausgabe** der Zeitung?
- Der Artikel, den du suchst, war in der letzten **Ausgabe**.

edition; issue
- Where's the latest **edition** of the paper?
- The article you're looking for was in the last **issue**.

das **Abonnement**, Abonnements *n*
- Sue kündigte ihr **Abonnement**, als sie wieder die Preise erhöhten.

subscription
- Sue cancelled her **subscription** when they put up the price again.

das **Radio**, Radios *n* — radio

das **Fernsehen** *n* — television; TV

der **Fernseher**, Fernseher *n* — TV

fernsehen *v-sep-irr*
- Kinder **sehen** heutzutage zu viel **fern**.

to watch TV
- Kids today **watch** too much **TV**.

Print Media and Broadcasting

senden, sendet, sandte/sendete, hat gesandt/gesendet *v-irr*
- Die Nachricht von ihrem Wahlsieg wurde sofort **gesendet**.

to broadcast
- The news of her victory in the election was **broadcast** immediately.

übertragen *v-irr*
- Die Olympischen Spiele wurden in alle Teile der Welt **übertragen**.

to broadcast
- The Olympic Games were **broadcast** all over the world.

aufnehmen *v-sep-irr*
- Ich habe einen guten Freund gebeten, das Spiel **aufzunehmen**.

to record
- I asked a good friend to **record** the match.

die **Sendung,** Sendungen *n*
- Das war eine der besten **Sendungen**, die ich je gesehen habe.

programme
- That was one of the best **programmes** I've ever seen.

das **Programm,** Programme *n*
- Im Sommer ist das **Programm** im Fernsehen voller Wiederholungen.

schedule
- In Summer the TV **schedule** is filled with repeats.

der **Werbespot,** Werbespots *n*
- Der Film war gut, aber die Menge an **Werbespots** nervte mich.

commercial
- The film was good, but the number of **commercials** annoyed me.

die **Wahrheit,** Wahrheiten *n*
- Man glaubte ihr nicht, obwohl sie die **Wahrheit** sagte.

truth
- People didn't believe her even though she was telling the **truth**.

wahr *adj*
- Es klingt seltsam, aber es ist eine **wahre** Geschichte.

true
- It sounds strange but it's a **true** story.

Telephone, Mobile Phones and the Internet

das **Telefon,** Telefone *n* — telephone; phone
- Mein **Telefon** war vorübergehend abgeschaltet.
  - My **telephone** has been temporarily disconnected.
- Darf ich Ihr **Telefon** benutzen?
  - May I use your **phone**?

das **Telefongespräch,** Telefongespräche *n* — phone call
- Auf Ihrer Telefonrechnung sind alle **Telefongespräche** aufgelistet.
  - All your **phone calls** are listed on your phone bill.

telefonieren *v* — to be on the phone
- Du darfst ihn jetzt nicht stören. Er **telefoniert** gerade.
  - You mustn't disturb him at the moment. He **is on the phone**.

der **Anruf,** Anrufe *n* — call
- Wo ist Tom? Da ist ein **Anruf** für ihn.
  - Where's Tom? There's a **call** for him.

anrufen *v-sep-irr* — to phone; to ring
- Könntest du mich etwa eine Stunde vor deiner Ankunft **anrufen**?
  - Could you **phone** me about an hour before you arrive?
- Carl hat sie dreimal **angerufen**, aber sie ist nicht rangegangen.
  - Carl **rang** her three times but she never answered the phone.

zurückrufen *v-sep-irr* — to phone back
- Ich habe Diane gebeten, mich **zurückzurufen**, sobald sie mehr weiß.
  - I asked Diane to **phone** me **back** as soon as she knows any more.

wählen *v* — to dial
- **Wählen** Sie zuerst die 1 und dann die Nummer.
  - First **dial** 1 and then the number.

Wer ist am Apparat? *phrase* — Who am I speaking to?

Auf Wiederhören! *interj* — Bye!

besetzt *adj* — engaged
- Alle Leitungen sind **besetzt**. Bitte versuchen Sie es noch einmal.
  - All the lines are **engaged**. Please try again.

die **Vorwahl,** Vorwahlen *n* — dialling code
- Bist du sicher, dass die **Vorwahl** von London 020 ist?
  - Are you sure the **dialling code** for London is 020?

Telephone, Mobile Phones and the Internet

das **Handy,** Handys *n*
- Du kannst mich immer auf meinem **Handy** erreichen.

mobile (phone)
- You can always reach me on my **mobile phone**.

das **Smartphone,** Smartphones *n*
- Ich checke morgens meine E-Mails mit meinem **Smartphone**.

smartphone
- I check my e-mails on my **smartphone** every morning.

die **SMS,** SMS *n*
- Schick mir eine **SMS**, wenn du weißt, wann der Film anfängt.

text (message)
- Send me a **text message** when you know what time the film starts.

eine **SMS schreiben** *phrase*
- Ich habe ihm **eine SMS geschrieben**, wo wir uns treffen.

to text
- I **texted** him about where to meet.

das **Internet** *n*
- Warum schaust du ihre neue Nummer nicht im **Internet** nach?

Internet
- Why don't you look up her new number on the **Internet**?

die **E-Mail,** E-Mails *n*
- Sie haben mich gebeten, meine Bewerbung per **E-Mail** zu schicken.

e-mail
- They asked me to send my application by **e-mail**.

➡ In Austria, **das E-Mail** is also common.

die **E-Mail-Adresse,** E-Mail-Adressen *n*
- Ich muss die falsche **E-Mail-Adresse** verwendet haben.

e-mail address
- I must have used the wrong **e-mail address**.

der **(E-Mail-)Anhang** *n*
- Meine E-Mail kam nicht durch, weil der **Anhang** zu groß war.

attachment
- My e-mail didn't get through because the **attachment** was too big.

skypen® *v*
- Gestern Abend habe ich mit meinem Vater **geskypt**, der im Moment in Vancouver ist.

to skype®
- Last night I **skyped** my father whos currently staying in Vancouver.

die **Flatrate,** Flatrates *n*
- Mein Internetprovider hat mir eine neue **Flatrate** angeboten.

flat rate
- My Internet service provider offered me a new **flat rate**.

das **WLAN,** WLANs *n*
- In allen Zimmern des Hotels gab es **WLAN**.

Wi-fi
- There was **Wi-fi** in every room of the hotel.

online *adj*
- Wirst du heute am späteren Abend **online** sein?

online
- Are you going to be **online** later this evening?

offline *adj*
- Ich wollte dich erreichen, aber dein Computer war **offline**.

offline
- I tried to reach you, but your computer was **offline**.

aufladen *v-sep-irr*
- Ich muss mein Smartphone **aufladen**, mein Akku ist fast leer.

to charge
- I need to **charge** my smartphone, the battery is almost gone.

(Daten) herunterladen *phrase*
- Ist es ungefährlich, die kostenlose Version **herunterzuladen**?

to download
- Is it safe to **download** the free version?

das **Benutzerkonto,**
Benutzerkonten *n*
- Du musst dir ein **Benutzerkonto** einrichten, bevor du bei diesem Anbieter bestellen kannst.

account

- You must open an **account** before you can order from this provider.

der **Benutzername,**
Benutzernamen *n*
- Um dich einzuloggen musst du nur deinen **Benutzernamen** und ein Passwort eintippen.

user name

- You just need to type in your **user name** and a password to log on.

einloggen *v-sep*
- Sie müssen sich erst auf unserer Website **einloggen**, bevor Sie Ihren Einkauf beginnen.

to log on
- You need to **log on** to our website first before you start shopping.

ausloggen *v-sep*
- Vergiss nicht, dich wieder **auszuloggen**, wenn du fertig bist.

to log off
- Dont forget to **log off** again when youre done.

die **Suchmaschine,**
Suchmaschinen *n*
- Es gibt Dutzende von **Suchmaschinen** für alle möglichen Zwecke.

search engine

- There are dozens of **search engines** for all kinds of purposes.

das **Selfie, Selfies** *n*
- Ich habe gestern ein paar **Selfies** gemacht und sie online gestellt.

selfie
- I took a few **selfies** yesterday and posted them online.

das **soziale Netzwerk** n
- Würdest du mit jemandem, den du nicht kennst, über ein **soziales Netzwerk** kommunizieren?

social network
- Would you communicate on a **social network** with someone you don't know?

chatten v
- Ich liebe es, mit meinen ausländischen Freunden online zu **chatten**.

to chat
- I love **chatting** online with my friends abroad.

liken v
- 50 Leute haben meine neue Seite schon **gelikt**.

to like
- 50 people have **liked** my new page so far.

posten v
- Jeden Morgen **poste** ich ein neues Profilbild.

to post
- I **post** a new cover photo every morning.

twittern® v
- Hast du gelesen, was Jack darüber **getwittert** hat?

to twitter®
- Have you read what Jack **twittered** about that?

der **Blog, Blogs** n
- Sie hat einen interessanten **Blog** geführt, als sie in Kanada wohnte.

blog
- She kept an interesting **blog** when she lived in Canada.

der **Shitstorm, Shitstorms** n
- Seine rassistischen Äußerungen lösten sofort einen **Shitstorm** der Entrüstung aus.

shitstorm
- His racist remarks caused an immediate **shitstorm** of outrage.

der **Podcast, Podcasts** n
- Man kann den **Podcast** von unserer Webseite herunterladen.

podcast
- You can download the **podcast** from our website.

das **Onlinebanking** n
- Kann jemand mein Konto hacken, wenn ich **Onlinebanking** mache?

online banking
- Can anyone hack my bank account when I'm doing **online banking**?

Computer and Multimedia

der **Computer,** Computer *n*	computer

> As well as computer, you often hear the words **PC** or **Laptop** used in German.

hochfahren *v-sep-irr*
- Das erste, was ich morgens tue, ist meinen Computer **hochzufahren**.

to boot (up)
- The first thing I do in the morning is to **boot** my computer.

herunterfahren *v-sep-irr*
- Dieses Programm **fährt** automatisch **herunter**.

to shut down
- This program **shuts down** automatically.

neu starten *phrase*
- Wenn das Programm nicht mehr reagiert, versuche, deinen Computer **neu zu starten**.

to restart
- When the program is frozen, try **restarting** your computer.

das **Programm,** Programme *n*
- Man kann ein kostenloses **Programm** von der Website herunterladen.

program
- You can download a free **program** from the website.

programmieren *v*
- Kevin hat seinen Computer so **programmiert**, dass er neue Updates automatisch herunterlädt.

to program
- Kevin **programmed** his computer to download new updates automatically.

die **Hardware,** Hardwares *n*	hardware
die **Software,** Softwares *n*	software
die **Festplatte,** Festplatten *n*	hard disk
das **Laufwerk,** Laufwerke *n*	drive
der **Drucker,** Drucker *n*	printer
der **Bildschirm,** Bildschirme *n*	screen
der **USB-Anschluss,** USB-Anschlüsse *n*	USB port
die **Tastatur,** Tastaturen *n*	keyboard
die **Taste,** Tasten *n*	key
die **Maus,** Mäuse *n*	mouse
der **Mauszeiger,** Mauszeiger *n*	cursor

Computer and Multimedia

klicken *v*
- **Klicken** Sie auf dieses Symbol und laden Sie das Programm herunter.

to click
- Just **click** on this icon and download the program.

ausdrucken *v-sep*
- Könntest du dieses Dokument für mich **ausdrucken**?

to print out
- Could you **print out** this document for me?

digital *adj*
- **Digitale** Aufnahmen sind okay, aber Schallplatten haben Charme.

digital
- **Digital** recordings are okay, but records have charm.

die **Daten** *n pl*
- Die Tastatur verwendet man, um **Daten** in den Computer einzugeben.

data
- The keyboard is used to enter **data** onto the computer.

die **Datei, Dateien** *n*
- Alle **Dateien** von der Festplatte sind gelöscht!

file
- All the **files** from the hard disk have been deleted!

(ab)speichern *v-sep*
- Wo habe ich die Datei **abgespeichert**, an der ich gearbeitet habe?

to save
- Where did I **save** the file I was working on?

kopieren *v*
- Ich **kopiere** wichtige Dateien immer auf einen Stick.

to copy
- I always **copy** important files onto a memory stick.

einfügen *v-sep*
- Warum **fügst** du nicht eine Karte der Region in die Einladung **ein**?

to paste
- Why don't you **paste** a map of the region into the invitation?

löschen *v*
- Ach nein, ich habe gerade die ganze Datei **gelöscht**!

to delete
- Oh no, I actually **deleted** the whole file!

verlinken *v*
- Ich weiß nicht, wie man auf eine Webseite **verlinkt**.

to link
- I don't know how to **link** to a website.

die **Fehlermeldung, Fehlermeldungen** *n*
- Ich bekomme dauernd diese komische **Fehlermeldung**.

error message
- I keep on getting this weird **error message**.

Industry, Technology and Research

Manufacturing, Trade and Services

die **Wirtschaft** n
- Was ist zu tun, wenn sich die **Wirtschaft** im Abschwung befindet?

economy
- What can be done when the **economy** is on a downturn?

die **Firma**, Firmen n
- Henrik arbeitet seit 30 Jahren bei derselben **Firma**.

firm
- Henrik's worked for 30 years at the same **firm**.

der **Vorstand**, Vorstände n
- Der **Vorstand** unserer Firma hat Lohnkürzungen beschlossen.

board
- Our company's Management **Board** has decided on pay cuts.

die **Industrie**, Industrien n
- Die Auto**industrie** ist von der Rezession schwer betroffen.

industry
- The car **industry** has been hard hit by the recession.

Geschäfte machen phrase
- Wir **machen** viele **Geschäfte** mit Firmen in Japan.

to do business
- We **do** a lot of **business** with companies in Japan.

die **Ware**, Waren n
- Alle **Waren** aus China wurden überprüft.
- Einige der **Waren**, die gestern angekommen sind, waren beschädigt.

merchandise; goods
- All the **merchandise** imported from China was checked.
- Some of the **goods** that arrived yesterday were damaged.

der **Umsatz**, Umsätze n
- Unsere Firma macht einen **Umsatz** von 200.000 Euro.

turnover
- Our company has a **turnover** of EUR 200,000.

die **Nachfrage**, Nachfragen n
- Es besteht im Augenblick wieder viel **Nachfrage** nach Schallplattenspielern.

demand
- At the moment there's great **demand** for record players again.

ausführen v-sep
- Deutschland **führt** viel mehr **aus** als es einführt.

to export
- Germany **exports** much more than it imports.

einführen *v-sep*
- Bulgarien **führt** sein Erdgas zum größten Teil aus Russland **ein**.

to import
- Bulgaria **imports** most of its natural gas from Russia.

die **Werkstatt**, Werkstätten *n*
- Mein Bruder hat eine kleine **Werkstatt**, in der er Uhren repariert.

workshop
- My brother has a small **workshop** where he repairs clocks.

reparieren *v*
- Wir müssen das Auto **reparieren** lassen.

to repair
- We must have the car **repaired**.

der **Auftrag**, Aufträge *n*
- Die Firma erhielt letztes Jahr weniger **Aufträge**.

order
- The firm got fewer **orders** last year.

die **Agentur**, Agenturen *n*
- Jon arbeitet für eine **Agentur**, die auf Werbung spezialisiert ist.

agency
- Jon works for an **agency** that specializes in advertising.

Money, Banking and Financial Markets

die **Bank**, Banken *n*
- Sie haben einen Haufen Geld auf der **Bank**.

bank
- They've got loads of money in the **bank**.

das **Geld**, Gelder *n*
- In den USA kostet eine Hochschulausbildung viel **Geld**.

money
- A college education costs a lot of **money** in the US.

das **Bargeld** *n*
- Sie akzeptieren keine Schecks. Sie müssen **Bargeld** mitnehmen.

cash
- They don't accept cheques. You'll have to take some **cash**.

➡ However, you have to say: **Kann ich in bar bezahlen? Can I pay in cash?** or **Kann ich mit Karte (EC-Karte oder Kreditkarte) bezahlen? Can I pay by card?**

die **EC-Karte**, EC-Karten *n*
- Er informiert die Bank, dass er seine **EC-Karte** verloren hat.

debit card
- He is informing the bank that he's lost his **debit card**.

die **Kreditkarte**, Kreditkarten *n*
- Kann ich die Hotelrechnung mit **Kreditkarte** zahlen?

credit card
- Can I pay the hotel bill by **credit card**?

die **Überweisung,** Überweisungen *n*
- Der Bankangestellte sagte, die **Überweisung** sei schon angekommen.

transfer
- The bank clerk said the **transfer** had gone through.

---

finanziell *adj*
- Die Firma steckt tief in **finanziellen** Problemen.

financial
- The company is in deep **financial** trouble.

---

die **Ersparnisse** *n f pl*
- Frank ist arbeitslos und hat seine **Ersparnisse** aufgebraucht.

savings
- Frank is unemployed and has used up his **savings**.

---

sparen *v*
- Radfahren **spart** viel Geld und Treibstoff.

to save
- Going by bike **saves** a lot of money and fuel.

---

die **Schulden** *n f pl*
- Sie mussten ihr Haus verkaufen, um ihre **Schulden** zu zahlen.

debts
- They had to sell their house to pay their **debts**.

---

schulden *v*
- Ich **schulde** dir noch die 50 Euro, die du mir geliehen hast.

to owe
- I still **owe** you the EUR 50 you lent me.

---

der **Geldschein,** Geldscheine *n*
- Bitte geben Sie mir 100 Pfund in **Geldscheinen** zu 5 und 10 Pfund.

(bank)note
- Please give me £100 in £5 and £10 **notes**.

---

die **Münze,** Münzen *n*
- 25-Cent-Stücke sind die gängigsten **Münzen** in den USA.

coin
- Quarters are the most common **coins** in the US.

---

der **Euro,** Euro, Euros *n*
- Der **Euro** hat sich als harte Währung herausgestellt.

euro
- The **euro** has proved to be a strong currency.

---

der **Cent,** Cent, Cents *n*
- Laura hat dieses Buch für nur 50 **Cent** gekauft.

cent
- Laura bought this book for only 50 **cents**.

---

der **Schweizer Franken,** Schweizer Franken *n*
- Die amtliche Währung in der Schweiz heißt **Schweizer Franken**.

Swiss Franc
- The official currency in Switzerland is the **Swiss Franc**.

Money, Banking and Financial Markets

der **Rappen,** Rappen *n*
- Ein **Rappen** ist ein Hundertstel eines Schweizer Franken.

Rappen
- A **Rappen** is one-hundredth of a Swiss Franc.

der **Dollar,** Dollars *n*
- Der kanadische **Dollar** liegt unter dem US-Dollar.

dollar
- The Canadian **dollar** is worth less than the US dollar.

das **Pfund** *n*
- Der Pulli war im Angebot. Ich habe nur 10 **Pfund** bezahlt.

pound
- The sweater was on special offer. I paid only 10 **pounds**.

der **Penny** *n*
- Ein **Penny** ist ein Hundertstel eines Pfundes.

penny
- A **penny** is one hundredth of a pound.

die **Pence** *n m pl*
- Ich habe 70 **Pence** für die Zeitung bezahlt.

pence
- I paid 70 **pence** for the paper.

wechseln *v*
- Martin möchte nachher zur Bank gehen, um etwas **Geld** zu wechseln.

to change
- Martin wants to go to the bank later to **change** some money.

die **Versicherung,** Versicherungen *n*
- Die laufenden Kosten für ein Auto umfassen auch die **Versicherung**.

insurance
- The upkeep of a car also includes **insurance**.

versichern *v*
- In den meisten westlichen Ländern müssen Autos **versichert** sein.

to insure
- In most western countries cars have to be **insured**.

das **Prozent,** Prozente *n*
- Er bezahlt zehn **Prozent** Zinsen für das Geld, das er geliehen hat.

per cent
- He's paying ten **per cent** interest on the money he borrowed.

steigen,
steigt, stieg, ist gestiegen *v-irr*
- Die führenden Aktien **stiegen** im gestrigen Handel um 3,5 Prozent.
- Der DAX **stieg** um acht Punkte, nachdem er zuvor gefallen war.

to rise; to go up

- Leading shares **rose** 3.5 per cent in yesterday's trading.
- The DAX **went up** eight points after falling earlier.

erhöhen *v*
- Die Nachricht hat den Aktienpreis des Unternehmens **erhöht**.

to increase
- The news has **increased** the company's share price.

steigern *v*
- Der Umsatz lässt sich nicht weiter **steigern**.

to increase
- The turnover can't **be increased** anymore.

sinken, sinkt, sank, ist gesunken *v-irr*
- Man erwartet, dass die Immobilienpreise weiter **sinken**.

to decrease
- Housing prices are expected to further **decrease**.

verringern *v*
- Wir sollten den Betrag **verringern**, den wir monatlich ausgeben.

to reduce
- We should **reduce** the amount we spend every month.

die **Steuer, Steuern** *n*
- In Amerika enthalten die Restaurantpreise keine **Steuer**.

tax
- In America restaurant prices don't include **tax**.

Agriculture

die **Landwirtschaft, Landwirtschaften** *n*
- Eine umweltfreundliche **Landwirtschaft** ist sehr wichtig.

agriculture
- Environmentally-friendly **agriculture** is very important.

landwirtschaftlich *adj*
- Ich will mehr über neue **landwirtschaftliche** Methoden erfahren.

agricultural
- I want to learn more about new **agricultural** methods.

der **Bauernhof, Bauernhöfe** *n*

farm

das **Feld, Felder** *n*

field

pflanzen *v*
- Hast du jemals einen Baum **gepflanzt**?

to plant
- Did you ever **plant** a tree?

anbauen *v-sep*
- Baumwolle wird im amerikanischen Süden **angebaut**.

to grow
- Cotton is **grown** in the American South.

fruchtbar *adj*
- Die Farm steht auf sehr **fruchtbarem** Boden.

fertile
- The farm is on very **fertile** soil.

die **Ernte,** Ernten *n*
- Auf einem kleinen Bauernhof helfen alle bei der **Ernte** mit.

harvest
- On a small farm, everybody helps with the **harvest**.

ernten *v*
- In welchem Monat wird Weizen **geerntet**?

to **harvest**
- In which month of the year is wheat **harvested**?

gießen, gießt, goss, hat gegossen *v-irr*
- Könntest du meine Pflanzen **gießen**, solange ich unterwegs bin?

to **water**
- Could you **water** my plants while I'm away?

der **Dünger,** Dünger *n*

fertilizer

düngen *v*
- Ich **dünge** meine Pflanzen zwei Mal im Jahr.

to **fertilize**
- I **fertilize** my plants twice a year.

biologisch angebaut *phrase*
- **Biologisch angebaute** Nahrung ist viel gesünder.

organic
- **Organic** food is much healthier.

Technology, Energy und Research

die **Maschine,** Maschinen *n*
- Die **Maschine** setzte aus, also rief ich den Reparaturdienst an.
- Im modernen Straßenbau werden riesige **Maschinen** eingesetzt.

engine; machine
- The **engine** stopped working, so I called maintenance.
- Huge **machines** are used in modern road building.

der **Motor,** Motoren *n*
- Der **Motor** ist schon alt, läuft aber noch sehr gut.
- Elektromotoren sind technisch einfacher als herkömmliche **Motoren**.

engine; motor
- The **engine** is old, but it still runs very well.
- Electric motors are technically simpler than conventional **motors**.

funktionieren *v*
- Die Maschine, die ich gekauft habe, **funktioniert** nicht richtig.

to **work**
- The machine I bought doesn't **work** properly.

Technology, Energy und Research

nützlich *adj*
- Eine Freisprechanlage kann beim Autofahren **nützlich** sein.

useful
- A hands-free kit can be **useful** while driving.

nutzlos *adj*
- Der Wissenschaftler glaubte, dass seine Erfindung **nutzlos** war.

useless
- The scientist believed that his invention was **useless**.

nützen *v*
- Dieses Werkzeug **nützt** mir nichts. Ich brauche einen Hammer.

to be of use
- This tool **is of** no **use** to me. I need a hammer.

der **Strom** *n*
- **Strom** wird von einer Batterie oder einem Generator erzeugt.

electricity
- **Electricity** is produced by a battery or a generator.

elektrisch *adj*
- Kraftwerke liefern **elektrische** Energie.
- Ich habe einen **elektrischen** Schlag vom Kabel bekommen.

electrical; electric
- Power stations supply **electrical** energy.
- I got an **electric** shock from the wire.

die **Energie, Energien** *n*
- Wir sollten in eine neue Maschine mit mehr **Energie** investieren.

power
- We should invest in a new machine with more **power**.

die **erneuerbaren Energien** *n f pl*
- Sonnenlicht, Wind, Regen und Erdwärme sind **erneuerbare Energien**.

renewable energies
- Sunlight, wind, rain and geothermal heat are **renewable energies**.

stark *adj*
- Ein Rolls-Royce hat einen leisen, aber **starken** Motor.

powerful
- A Rolls-Royce has a quiet but **powerful** engine.

die **Entdeckung, Entdeckungen** *n*
- Die **Entdeckung** von Öl in der Nordsee war sehr vorteilhaft.

discovery
- The **discovery** of oil in the North Sea was very advantageous.

entdecken *v*
- Marie Curie **entdeckte** 1898 das Radium.

to discover
- Marie Curie **discovered** radium in 1898.

die **Erfindung, Erfindungen** *n*
- Der Computer wird oft als eine große **Erfindung** bezeichnet.

invention
- The computer is often called a great **invention**.

erfinden *v-irr* ▪ Man sagt, dass Alexander Graham Bell das Telefon **erfunden hat**.	to invent ▪ People say that Alexander Graham Bell **invented** the telephone.
das **System**, Systeme *n* ▪ Ein Stromkreis ist ein **System** von Kabeln.	system ▪ An electric circuit is a **system** of wires.
genau *adj* ▪ Dieses Thermometer ist nicht **genau** genug.	precise ▪ This thermometer is not **precise** enough.

Natural Resources and Commodities

das **Material**, Materialien *n*	material
das **Holz**, Hölzer *n*	wood
das **Erdöl**, Erdöle *n*	oil
das **Gas**, Gase *n*	gas
das **Eisen**, Eisen *n*	iron
die **Wolle**, Wollen *n*	wool
die **Baumwolle**, Baumwollen *n*	cotton
das **Metall**, Metalle *n*	metal
das **Gold** *n*	gold
das **Silber** *n*	silver
der **Kunststoff**, Kunststoffe *n*	plastic
das **Glas** *n*	glass
das **Leder**, Leder *n*	leather
weich *adj*	soft
hart *adj*	hard
schwer *adj*	heavy
leicht *adj*	light
glatt *adj*	smooth
rau *adj*	rough

Society and State

History

die **Geschichte** n
- Die **Geschichte** der englischen Sprache ist faszinierend.

history
- The **history** of the English language is fascinating.

historisch adj
- Man sollte das Ereignis in einem **historischen** Kontext betrachten.

historical
- You should look at the event in a **historical** context.

der **König**, die **Königin**, **Könige** n
- In einigen europäischen Staaten gibt es noch einen **König**.

king; queen
- Several European states still have a **king**.

der **Kaiser**, die **Kaiserin**, **Kaiser** n
- In Österreich herrschte von 1804 bis 1918 immer ein **Kaiser**.

emperor; empress
- Austria was ruled by an **emperor** from 1804 until 1918.

die **Monarchie**, **Monarchien** n
- Die Regierung versuchte, die **Monarchie** abzuschaffen.

monarchy
- The government tried to abolish the **monarchy**.

das **Königreich**, **Königreiche** n
- Nordirland gehört zum Vereinigten **Königreich**.

kingdom
- Northern Ireland belongs to the United **Kingdom**.

der **Herrscher**, die **Herrscherin**, **Herrscher** n
- Der **Herrscher** eines afrikanischen Landes besuchte die Firma.
- Der **Herrscher** feierte den 50. Jahrestag seiner Krönung.

monarch; ruler

- The **monarch** of an African country visited the company.
- The **ruler** celebrated the 50th anniversary of his coronation.

herrschen v
- Kaiserin Maria Theresia **herrschte** in Österreich von 1740 bis 1780.

to reign
- Empress Maria Theresia **reigned** in Austria from 1740 to 1780.

erobern v
- Die Alliierten **eroberten** die Stadt nach dreitägiger Belagerung.

to conquer
- The allied forces **conquered** the town after a three-day siege.

unterwerfen v-irr
- König Heinrich **unterwarf** das Volk seiner Herrschaft.

to subject
- King Henry **subjected** the people to his rule.

die **Krone,** Kronen n
- Glanzlicht der Ausstellung war die **Krone** von Otto dem Großen.

crown
- The highlight of the exhibition was the **crown** of Otto the Great.

Society

die **Gesellschaft,** Gesellschaften n
- Politiker sind in der **Gesellschaft** oft nicht sehr angesehen.

society
- Politicians are often viewed very critically by **society**.

gesellschaftlich adj
- **Gesellschaftliche** Probleme wie Arbeitslosigkeit nehmen zu.

social
- **Social** problems, such as unemployment, are increasing.

sozial adj
- **Soziales** Engagement ist sehr wichtig für eine Gesellschaft.

social
- **Social** engagement is very important for society.

die **Öffentlichkeit,** Öffentlichkeiten n
- Viele Schlösser sind der **Öffentlichkeit** zugänglich und können besichtigt werden.

public
- Lots of castles are open to the **public** and can be visited.

öffentlich adj
- Dies ist eine private und keine **öffentliche** Versammlung.

public
- This is a private and not a **public** meeting.

privat adj
- Könnte ich Sie **privat** sprechen?

private
- Could I talk to you in **private**?

die **Bevölkerung,** Bevölkerungen n
- Deutschland hat eine **Bevölkerung** von etwa 82 Millionen Menschen.

population
- Germany has a **population** of about 82 million people.

der **Reichtum,** Reichtümer n
- Der **Reichtum** Saudi-Arabiens stammt von seinem Öl.

wealth
- Saudi Arabia's **wealth** comes from its oil.

Society

reich *adj*
- Mein Onkel war Millionär. Er wurde als Filmproduzent **reich**.

rich
- My uncle was a millionaire. He got **rich** as a film producer.

die **Armut** *n*
- In jeder Großstadt gibt es Viertel mit großer **Armut**.

poverty
- In every city there are districts of great **poverty**.

arm *adj*
- Sie sind zu **arm**, um Nahrung für ihre Kinder zu kaufen.

poor
- They are too **poor** to buy food for their children.

der **Mangel**, **Mängel** *n*
- Menschen aus den Slums erkranken aus **Mangel** an sauberem Wasser.

lack
- People in the slums get sick for **lack** of clean water.

das **Land**, **Länder** *n*
- Viele europäische **Länder** kämpfen mit großen finanziellen Problemen.

country
- Many European **countries** are struggling with severe financial problems.

die **Nation**, **Nationen** *n*
- Die reichen **Nationen** müssen den armen Ländern helfen.

nation
- The rich **nations** must help the poor countries.

die **Nationalität**, **Nationalitäten** *n*
- In vielen Städten kann man Menschen verschiedener **Nationalität** sehen.

nationality
- People of diverse **nationalities** can be seen in many cities.

national *adj*
- Die Bürger bilden eine **nationale** Opposition gegen die Regierung.

national
- The citizens are forming a **national** opposition to the government.

international *adj*
- Interpol ist eine **internationale** Organisation.

international
- Interpol is an **international** organization.

das **Ausland** *n*
- Karen lebt seit fünf Jahren im **Ausland**.

abroad
- Karen has been living **abroad** for five years.

der **Ausländer**, die **Ausländerin**, **Ausländer** *n*
- **Ausländer** brauchen eine Arbeitsgenehmigung.

foreigner
- **Foreigners** need a work permit.

ausländisch *adj*
- Das Land verhindert die Einfuhr **ausländischer** Erzeugnisse.

foreign
- This country blocks the import of **foreign** products.

fremd *adj*
- Die Asylsuchenden kommen aus vielen **fremden** Ländern.

foreign
- The asylum seekers come from many different **foreign** countries.

Religion und Morality

die **Religion,** Religionen *n*
- Das Christentum und der Islam gehören zu den großen **Religionen**.

religion
- Christianity and Islam belong to the great **religions**.

religiös *adj*
- Die Puritaner wanderten aus **religiösen** Gründen nach Amerika aus.

religious
- The Puritans emigrated to America for **religious** reasons.

der **Glaube** *n*
- Nelson Mandela verlor nie den **Glauben** an die Gewaltlosigkeit.

faith
- Nelson Mandela never lost **faith** in non-violence.

glauben *v*
- Viele Religionen **glauben** an ein Leben nach dem Tode.

to believe
- Many religions **believe** in life after death.

der **Gott,** Götter *n*
- Kirchen sind Orte, an denen Menschen zu **Gott** beten.

God
- Churches are places where people pray to **God**.

der **Geist,** Geister *n*
- Maria empfing ihren Sohn durch den Heiligen **Geist**.

spirit
- Mary conceived her son through the Holy **Spirit**.

beten *v*
- Juden gehen in eine Synagoge, um zu **beten**.

to pray
- Jews go to a synagogue to **pray**.

moralisch *adj*
- Adrian ist Kriegsdienstverweigerer aus **moralischen** Gründen.

moral
- Adrian is a conscientious objector on **moral** grounds.

unmoralisch *adj*

immoral

der **Atheist,** die **Atheistin,**
Atheisten n
- Jonas wurde **Atheist**, um von religiösen Zwängen frei zu sein.

atheist
- Jonas became an **atheist** to be free of religious constraints.

existieren v
- Viele Philosophen haben die Frage „**Existiert** Gott?" gestellt.

to exist
- Many philosophers have asked "Does God **exist**?".

Politics

die **Politik, Politiken** n
- Menschen, die sich für **Politik** interessieren, lesen die Zeitung.

politics
- People who are interested in **politics** read the newspaper.

politisch adj
- In Deutschland gibt es sechs große **politische** Parteien.

political
- There are six big **political** parties in Germany.

die **Partei, Parteien** n
- Die Demokraten sind eine der politischen **Parteien** in den USA.

party
- The Democrats are one of the political **parties** in the US.

die **Macht, Mächte** n
- Die Queen hat wenig politische **Macht**.

power
- The Queen has little political **power**.

mächtig adj
- Er soll ein sehr **mächtiger** Politiker sein.

powerful
- He's said to be a very **powerful** politician.

beeinflussen v
- Er hat alles getan, um die Wähler zu **beeinflussen**.

to influence
- He did everything possible to **influence** the voters.

die **Regierung, Regierungen** n
- Die **Regierung** hat eine Million Euro in das Projekt investiert.

government
- The **government** invested EUR 1 million in the project.

regieren v
- Das Land wird von Politikern **regiert**.
- Königin Victoria **regierte** von 1837 bis 1901.

to govern; to reign
- The country is **governed** by politicians.
- Queen Victoria has **reigned** from 1837 to 1901.

Politics

die **Opposition,** Oppositionen *n*	opposition
▪ Er verbrachte neun Jahre in der **Opposition**, bis seine Partei gewann.	▪ He spent nine years in **opposition** before his party won.
der **Präsident,** die **Präsidentin,** Präsidenten *n*	president
▪ Der **Präsident** wird alle vier Jahre gewählt.	▪ The **president** is elected every four years.
der **Kanzler,** die **Kanzlerin,** Kanzler *n*	chancellor
▪ Angela Merkel war die erste deutsche **Kanzlerin**.	▪ Angela Merkel was the first female German **chancellor**.
der **Minister,** die **Ministerin,** Minister *n*	minister
▪ Das Kabinett besteht aus den **Ministern** der Regierung.	▪ The cabinet is made up of the **ministers** of the government.
das **Parlament,** Parlamente *n*	parliament
▪ Viele politische Entscheidungen werden im **Parlament** getroffen.	▪ Many political decisions are made in **parliament**.
der **Abgeordnete,** die **Abgeordnete,** Abgeordneten *n m-f*	Member of Parliament
▪ Er ist **Abgeordneter** des Schweizer Parlaments.	▪ He's a **Member of Parliament** in Switzerland.
die **Demokratie,** Demokratien *n*	democracy
▪ Es gibt keine **Demokratie** ohne freie Wahlen.	▪ There is no **democracy** without free elections.
demokratisch *adj*	democratic
▪ Deutschland ist seit 1949 ein **demokratisches** Land.	▪ Germany has been a **democratic** nation since 1949.
die **Botschaft,** Botschaften *n*	embassy
▪ Ich kontaktierte die **Botschaft**, als ich meinen Pass verlor.	▪ I contacted the **embassy** when I lost my passport.
das **Konsulat,** Konsulate *n*	consulate
▪ Vor dem **Konsulat** fand eine große Demonstration statt.	▪ There was a big demonstration in front of the **consulate**.

Defence and Security

die **Sicherheit** *n*
- Die Regierung wird die **Sicherheit** der Ausländer garantieren.

safety
- The government will guarantee the **safety** of foreigners.

sicher *adj*
- Nach dem 11. September fühlten sich die Amerikaner nicht **sicher**.

safe
- Americans did not feel **safe** after 9/11.

der **Frieden, Frieden** *n*
- Fast ganz Europa erlebt seit 1945 **Frieden**.

peace
- Most of Europe has enjoyed **peace** since 1945.

friedlich *adj*
- Die Delegationen fanden eine **friedliche** Lösung der Krise.

peaceful
- The delegations found a **peaceful** solution to the crisis.

das **Heimat(land), Heimatländer** *n*
- Viele junge Einwanderer nennen Europa jetzt ihre **Heimat**.

home (country)
- Many young immigrants now call Europe **home**.

die **Grenze, Grenzen** *n*
- In der Europäischen Union gibt es eigentlich keine **Grenzen** mehr.

border
- In the European Union there really aren't any **borders** anymore.

zivil *adj*
- Dieser Hubschrauber kann für **zivile** Zwecke genutzt werden.

civil
- This helicopter can be used for **civil** purposes.

der **Krieg, Kriege** *n*
- Viele Menschen leiden immer noch an Hunger und **Krieg**.

war
- Many still suffer from hunger and **war**.

ausbrechen *v-sep-irr*
- Der Zweite Weltkrieg **brach** am 1. September 1939 **aus**.

to break out
- The Second World War **broke out** on September 1, 1939.

der **Soldat,** die **Soldatin, Soldaten** *n*
- Die **Soldaten** in der US-Armee werden GIs genannt.

soldier
- The **soldiers** in the US Army are called GIs.

die **Armee, Armeen** *n*
- 1979 marschierte die sowjetische **Armee** in Afghanistan ein.

army
- In 1979 the Soviet **army** invaded Afghanistan.

Defence and Security

der **Kampf, Kämpfe** n	combat
■ Das Mahnmal gedenkt der Soldaten, die im **Kampf** fielen.	■ The monument commemorates the soldiers who died in **combat**.
kämpfen v	to fight
■ Viele ehemalige Kolonien **kämpften** um ihre Unabhängigkeit.	■ Many former colonies **fought** for their independence.
die **Waffe, Waffen** n	gun; weapon
■ Es werden immer noch viele **Waffen** in Krisenregionen exportiert.	■ Many **guns** are still being exported to crisis regions.
■ **Waffen** sind hier verboten!	■ **Weapons** are forbidden here.
bewaffnet adj	armed
■ Die Soldaten, die in der Wüste kämpften, waren schwer **bewaffnet**.	■ The troops fighting in the desert were heavily **armed**.
schießen, schießt, schoss, hat geschossen v-irr	to shoot
■ Die Soldaten haben nicht **geschossen**.	■ The soldiers did not **shoot**.
der **Konflikt, Konflikte** n	conflict
■ Der **Konflikt** ist im Begriff zu eskalieren.	■ The **conflict** is about to escalate.
der **Terrorismus** n	terrorism
■ Der **Terrorismus** hier wird von der lokalen Mafia unterstützt.	■ **Terrorism** here is supported by the local mafia.
der **Feind**, die **Feindin, Feinde** n	enemy
■ Die Geschichte zeigt, dass aus **Feinden** Freunde werden können.	■ History shows that **enemies** can become friends.
verfolgen v	to persecute
■ Die Regierung **verfolgt** seit Jahren ethnische Minoritäten.	■ The government has been **persecuting** ethnic minorities for years.
der **Flüchtling, Flüchtlinge** n	refugee
■ Die **Flüchtlinge** hatten alles verloren und brauchten Hilfe.	■ The **refugees** had lost everything and needed help.
fliehen, flieht, floh, ist geflohen v-irr	to flee
■ Die Zivilbevölkerung **flieht** aus dem Kampfgebiet.	■ The civilian population is **fleeing** the war zone.

State Institutions and Administration

der **Staat, Staaten** *n*
- Die Separatisten kämpfen für einen freien und unabhängigen **Staat**.

state
- The separatists are fighting for a free and independent **state**.

staatlich *adj*
- Sie erhält eine **staatliche** Rente von 300 Euro.

state
- She's getting a **state** pension of EUR 300.

das **Amt, Ämter** *n*
- Er wurde in das **Amt** des Bürgermeisters gewählt.

office
- He was elected to the **office** of mayor.

amtlich *adj*
- Es ist noch nicht **amtlich**, aber er ist der neue Parteichef.

official
- It isn't **official** yet, but he's the new party leader.

der **Einwohner**, die **Einwohnerin, Einwohner** *n*
- Im Jahr 1905 hatte Berlin über 2 Millionen **Einwohner**.

inhabitant

- In 1905, Berlin had more than 2 million **inhabitants**.

die **Verwaltung, Verwaltungen** *n*
- Ich habe einen Job als Sekretärin in der **Verwaltung** bekommen.

administration
- I got a job as a secretary in the **administration**.

die **Abteilung, Abteilungen** *n*
- Georg arbeitet in der neuen **Abteilung** für Umweltschutz.

department
- Georg works in the new environmental protection **department**.

das **Formular, Formulare** *n*
- Füllen Sie dieses **Formular** aus, wenn sie Waren anzumelden haben.

form
- Fill in this **form** if you have any goods to declare.

ausfüllen *v-sep*
- Wenn Sie sich bewerben wollen, **füllen** Sie dieses Formular **aus**.
- Sie baten alle Passagiere, ein rotes Formular **auszufüllen**.

to fill in; to fill out
- If you want to apply, **fill in** this form.
- They asked all passengers to **fill out** a red form.

die **Unterschrift, Unterschriften** *n*
- Dieser Vertrag ist nur mit zwei **Unterschriften** rechtskräftig.

signature
- This contract is only valid with two **signatures**.

unterschreiben *v-irr*
- Bitte füllen Sie dieses Formular aus und **unterschreiben** Sie es.

to sign
- Please fill in this form and **sign** it.

die **Bescheinigung,** Bescheinigungen *n*
- Alle erhalten eine offizielle **Bescheinigung** am Ende des Kurses.

certificate
- Everyone gets an official **certificate** at the end of the course.

Law and Jurisprudence

das **Gesetz,** Gesetze *n*
- Alkohol am Steuer verstößt gegen das **Gesetz**.

law
- It's against the **law** to drink and drive.

legal *adj*
- In vielen europäischen Staaten ist der Konsum von Alkohol erst ab 18 Jahren **legal**.

legal
- In many European countries the **legal** age for the consumption of alcohol is 18.

illegal *adj*
- Es **illegal**, ohne Visum in das Land einzureisen.

illegal
- It is **illegal** to enter the country without a visa.

das **Gericht,** Gerichte *n*
- Miriam muss als Zeugin vor **Gericht** erscheinen.

court
- Miriam has to appear in **court** as a witness.

der **Prozess,** Prozesse *n*
- Man darf nicht ohne **Prozess** verurteilt werden.

trial
- People must not be condemned without **trial**.

der **Angeklagte,** die **Angeklagte,** Angeklagten *n m-f*
- Der **Angeklagte** wurde zu zehn Jahren Haft verurteilt.

accused
- The **accused** was sentenced to ten years in prison.

anklagen *v-sep*
- Zwei Männer wurden wegen Drogenhandels **angeklagt**.

to accuse
- Two men were **accused** of selling drugs.

154 Law and Jurisprudence

German	English
der **Zeuge**, die **Zeugin**, **Zeugen** n • Ein kleiner Junge sah das Verbrechen. Er war der einzige **Zeuge**.	witness • A little boy saw the crime. He was the only **witness**.
das **Opfer**, **Opfer** n • Jack the Ripper brachte alle seine **Opfer** mit einem Messer um.	victim • Jack the Ripper killed all his **victims** with a knife.
die **Gerechtigkeit**, **Gerechtigkeiten** n • Martin Luther King kämpfte für Freiheit und **Gerechtigkeit**.	justice • Martin Luther King fought for freedom and **justice**.
gerecht adj • Es war eine **gerechte** Entscheidung, ihn einzusperren.	just • Sending him to prison was a **just** decision.
ungerecht adj	unjust
die **Schuld** n • Der Anwalt war sich der **Schuld** seines Mandanten bewusst.	guilt • The lawyer was aware of his client's **guilt**.
schuldig adj • Sie wurde des Mordes für **schuldig** befunden.	guilty • She was found **guilty** of murder.
unschuldig adj	innocent
die **Freiheit**, **Freiheiten** n • Der Kampf für **Freiheit** ist universell.	freedom • The struggle for **freedom** is universal.
frei adj • Nach dem Freispruch fühlte er sich **frei** und erleichtert.	free • After the acquittal he felt **free** and relieved.
die **Strafe**, **Strafen** n • Die Terroristen werden ihrer **Strafe** nicht entkommen.	punishment • The terrorists will not escape **punishment**.
strafbar adj • Abfallverklappung auf See ist eine **strafbare** Handlung.	criminal • Dumping waste at sea is a **criminal** offence.
die **Kriminalität** n • Es ist die Aufgabe der Polizei, **Kriminalität** zu verhindern.	crime • The job of the police is to prevent **crime**.

Law and Jurisprudence

der **Kriminelle,** die **Kriminelle, Kriminellen** *n m-f*
- Gefängnisse sollten **Kriminelle** bessern, statt sie zu bestrafen.

criminal
- Prisons ought to reform rather than punish **criminals**.

der **Diebstahl, Diebstähle** *n*
- Gibt es in Ihrer Nachbarschaft viele **Diebstähle** und Einbrüche?

theft
- Are there many **thefts** and burglaries in your neighbourhood?

stehlen, stiehlt, stahl, hat gestohlen *v-irr*
- Toms Fahrrad wurde **gestohlen**, während er beim Einkaufen war.

to steal
- Tom's bike was **stolen** while he was shopping.

der **Mord, Morde** *n*
- Die Terroristen werden wegen **Mordes** gesucht.

murder
- The terrorists are wanted for **murder**.

die **Ermordung, Ermordungen** *n*
- Die Bevölkerung war wegen der **Ermordung** geschockt.

assassination
- The population was shocked by the **assassination**.

ermorden *v*
- Er hatte den Mann nicht **ermordet**.

to murder
- He hadn't **murdered** the man.

töten *v*
- Heute wurden zwei Männer bei einem Autounfall **getötet**.

to kill
- Two men were **killed** in a car accident today.

Time

Times of the Year

das **Jahr,** Jahre *n*	year
die **Jahreszeit,** Jahreszeiten *n*	season
der **Frühling** *n*	spring
das **Frühjahr** *n*	spring
der **Sommer** *n*	summer
der **Herbst** *n*	autumn
der **Winter** *n*	winter
der **Monat,** Monate *n*	month
die **Woche,** Wochen *n*	week
das **Wochenende,** Wochenenden *n*	weekend

Names of the Months

der **Januar,** der **Jänner** *A n*	January
der **Februar,** der **Feber** *A n*	February
der **März** *n*	March
der **April** *n*	April
der **Mai** *n*	May
der **Juni** *n*	June
der **Juli** *n*	July
der **August** *n*	August
der **September** *n*	September
der **Oktober** *n*	October
der **November** *n*	November
der **Dezember** *n*	December

Days of the Week

der **Montag,** Montage *n*	Monday
der **Dienstag,** Dienstage *n*	Tuesday
der **Mittwoch,** Mittwoche *n*	Wednesday
der **Donnerstag,** Donnerstage *n*	Thursday
der **Freitag,** Freitage *n*	Friday
der **Samstag,** Samstage *n*	Saturday

➡ In southern Germany **Saturday** is normally called **Samstag,** but in northern Germany it's more commonly called **Sonnabend.**

der **Sonntag,** Sonntage *n*	Sunday
der **Feiertag,** Feiertage *n*	bank holiday
der **Werktag,** Werktage *n*	working day

Times of the Day

der **Tag,** Tage *n*	day
täglich *adj*	daily
der **Morgen,** Morgen *n*	morning

➡ A day can be divided up into the following in German: **morgens, vormittags** in the morning, **mittags** at noon, **nachmittags** in the afternoon, **abends** in the evening, **nachts** at night.

morgens *adv*	am
der **Vormittag,** Vormittage *n*	morning
vormittags *adv*	am
der **Mittag,** Mittage *n*	noon
der **Nachmittag,** Nachmittage *n*	afternoon
nachmittags *adv*	pm
der **Abend,** Abende *n*	evening
die **Nacht,** Nächte *n*	night

Telling Time

Uhr *adv*	o'clock

➡ **Uhr** can refer to both **Armbanduhr** watch and **Wanduhr** wall clock. To say **It's five o'clock.** in German, you'd say **Es ist fünf Uhr.**

die **Stunde, Stunden** *n*	hour

➡ In German, **halb** plus the following hour is used to denote the English **half past**, i.e. **halb vier** means half past three, **halb acht** means **7.30** etc.

die **halbe Stunde, halben Stunden** *n*	half an hour; half-hour
die **Viertelstunde, Viertelstunden** *n*	quarter of an hour
die **Minute, Minuten** *n*	minute

➡ If you want to say **It's 6:15.** in German, you can either say **Es ist sechs Uhr fünfzehn.** or **Es ist Viertel nach sechs.**

die **Sekunde, Sekunden** *n*	second
Um wie viel Uhr …? *phrase*	What time …?
nach *prep*	past
vor *prep*	to
um *prep*	at
Punkt *adv*	sharp

More Expressions of Time

Present, Past and Future

die **Zeit, Zeiten** *n* ▪ Ich würde sehr gern kommen, aber ich habe keine **Zeit**.	time ▪ I'd love to come but I haven't got the **time**.
das **Datum, Daten** *n* ▪ Welches **Datum** haben wir heute? – Den vierzehnten Januar.	date ▪ What's the **date** today? – It's the fourteenth of January.

im Jahr(e)
(or it remains untranslated) *prep*
- Der Vietnamkrieg endete 1975.

in
- The Vietnam War ended **in** 1975.

der Augenblick, Augenblicke *n*
- Es wird einen **Augenblick** dauern.

moment
- It will take a **moment**.

jetzt *adv*
- Warte nicht – handle **jetzt**!

now
- Don't wait – act **now**!

in *prep*
- Graham wird sie **in** elf Monaten wiedersehen.

in
- Graham will see her again **in** eleven months.

während *prep*
- Ich schaue **während** des Tages nie fern.

during
- I never watch TV **during** the day.

heute *adv*
- Wenn Sie den Brief **heute** aufgeben, ist er morgen dort.

today
- If you post the letter **today**, it will get there tomorrow.

gestern *adv*
- Ich habe erst **gestern** angefangen.

yesterday
- I only started **yesterday**.

vorgestern *adv*
- Die Steaks sind gut. Ich habe sie **vorgestern** gekauft.

the day before yesterday
- The steaks are okay. I bought them **the day before yesterday**.

morgen *adv*
- Sie können **morgen** mit dem Chef sprechen. Heute ist er nicht da.

tomorrow
- You can speak to the boss **tomorrow**. He's not here today.

übermorgen *adv*
- Ich werde wahrscheinlich **übermorgen** fertig sein.

the day after tomorrow
- I'll probably be finished by **the day after tomorrow**.

Duration and Frequency

bis, bis (spätestens) *prep*
- Büroangestellte arbeiten meist **bis** 17 Uhr.
- Bitte gebt eure Essays **bis spätestens** Freitag ab.

until; by
- Office workers usually work **until** 5 o'clock.
- Please hand in your essays **by** Friday.

bis *conj*
- Ich kümmere mich um das Baby, **bis** du zurückkommst.

till
- I'll take care of the baby **till** you come back.

lang *prep*
- Ich wohnte ein Jahr **lang** in Amerika.

for
- I lived in America **for** one year.

lang *adj*
- Es ist ein **langer** Flug von Wien nach Sydney.

long
- It's a **long** flight from Vienna to Sydney.

seit *prep*
- Tina ist **seit** einer Woche krank.
- Es ist eine Woche her, **seit** Tina krank wurde.

for; since
- Tina's been ill **for** a week.
- It's been a week **since** Tina fell ill.

von *prep*
- Diese Woche arbeite ich **von** 22 Uhr abends bis 6 Uhr morgens.

from
- This week I'm working **from** 10 pm until 6 in the morning.

schon *adv*
- Susanne kommt nicht mit, sie hat den Film **schon** gesehen.

already
- Susanne isn't coming, she's **already** seen the film.

noch nicht *adv*
- Wo ist Lukas? Ich habe ihn **noch nicht** gesehen.

not yet
- Where's Lukas? I haven't seen him **yet**.

dauern *v*
- Wie lange wird es **dauern**, nach Zürich zu fahren?
- Die Verhandlungen mit dem Zulieferer **dauerten** drei Tage.

to take; to last
- How long will it **take** to drive to Zürich?
- The negotiations with the supplier **lasted** three days.

immer *adv*
- Beim Tennis gewinnt **immer** ein Spieler.

always
- In tennis one player **always** wins.

oft *adv*
- Ich gehe gern ins Theater, aber ich habe nicht **oft** Zeit dazu.

often
- I like the theatre but I don't **often** have time to go.

meistens *adv*
- Wir gehen **meistens** gegen halb elf ins Bett.

usually
- We **usually** go to bed around ten thirty.

manchmal *adv*
- **Manchmal** fährt er mit dem Auto, aber meistens nimmt er den Bus.

sometimes
- **Sometimes** he goes by car but usually he takes the bus.

regelmäßig *adj*
- Die Züge nach Dover verkehren in **regelmäßigen** Abständen.

regular
- Trains to Dover run at **regular** intervals.

schon einmal *adv*
- Waren Sie **schon einmal** in Österreich?

ever
- Have you **ever** been to Austria?

nie *adv*
- Ich habe von ihm gehört, ihn aber noch **nie** gesehen.

never
- I've heard of him but I've **never** seen him.

Early and Late

vor *prep*
- Jonas joggt immer **vor** dem Frühstück.

before
- Jonas always jogs **before** breakfast.

nach *prep*
- Der Unfall geschah exakt 13 Minuten **nach** 3 Uhr nachts.
- Opa macht **nach** dem Essen gern ein Nickerchen.

after
- The accident happened exactly 13 minutes **after** 3 a.m.
- Granddad likes to take a nap **after** dinner.

dann *adv*
- Zuerst sprach der Präsident und **dann** seine Gäste.

then
- First the President spoke and **then** his guests.

früh *adv*
- Entschuldige, dass ich so **früh** komme. Ich konnte nicht warten.

early
- Sorry for being so **early**. I couldn't wait.

Early and Late

zu früh adv
- Das Flugzeug kam 20 Minuten **zu früh** an.

early
- The plane arrived 20 minutes **early**.

spät adv
- Du kommst **spät**! Wo bist du gewesen?

late
- You're **late**! Where were you?

zu spät adv
- Wenn ich den Zug nicht erreiche, komme ich **zu spät**.

late
- If I don't catch the train I'll be **late**.

später adv
- Tschüs erst mal, bis **später**.

later
- Bye now, I'll see you **later**.

rechtzeitig adv
- Wir kamen gerade **rechtzeitig**, um unseren Zug zu erreichen.

in time
- We arrived just **in time** to catch our train.

bald adv
- Hab keine Angst! Deine Mutter ist **bald** wieder da.

soon
- Don't be afraid. Your mother will be back again **soon**.

sofort adv
- Schicken Sie **sofort** einen Krankenwagen!
- Warte nicht! Tu es **sofort**!

immediately; at once
- Send an ambulance **immediately**!
- Don't wait! Do it **at once**!

plötzlich adv
- Wir wachten auf, als **plötzlich** das Haus anfing zu wackeln.

suddenly
- We woke up when **suddenly** the house began to shake.

zuerst
- Ich habe das alte Auto **zuerst** gesehen.

first
- I saw the old car **first**.

letzter adj
- Der **letzte** Zug fährt gegen Mitternacht.

last
- The **last** train leaves around midnight.

schon adv
- Susanne kommt nicht mit, sie hat den Film **schon** gesehen.

already
- Susanne isn't coming, she's **already** seen the film.

Chronology

einmal *adv*
- **Einmal** pro Woche geht Christian zum Fußballtraining.

once
- **Once** a week Christian goes to football practice.

zweimal *adv*
- Emma geht **zweimal** die Woche joggen: mittwochs und sonntags.

twice
- Emma goes jogging **twice** a week: on Wednesdays and Sundays.

anfangen *v-sep-irr*
- Lisa **fing an**, etwas zu sagen, aber redete dann nicht weiter.
- Du sollst **anfangen**, für deine Prüfung zu lernen.

to start; to begin
- Lisa **started** to say something but then stopped.
- You should **begin** learning for your exam.

beginnen, beginnt, begann, hat begonnen *v-irr*
- Die Vorstellung **beginnt** um 19 Uhr.
- Ich habe letztes Jahr **begonnen**, eine neue Sprache zu lernen.

to start; to begin
- The performance will **start** at 7 pm.
- Last year, I **began** learning a new language.

aufhören *v-sep*
- Könntet ihr **aufhören** zu reden? Ich versuche nachzudenken.

to finish; to stop
- Could you **stop** talking? I'm trying to think.

enden *v*
- Um wie viel Uhr **endet** die Sendung?

to finish
- What time does the programme **finish**?

beenden *v*
- Sie hat die Beziehung zu ihrem Freund **beendet**.

to end
- She **ended** the relationship with her boyfriend.

das **Ende, Enden** *n*
- Nach dem **Ende** ihrer Ausbildung bekam sie einen guten Job.

end
- After the **end** of her training, she got a good job.

zu Ende *phrase*
- Gehen wir nach Hause. Die Party ist **zu Ende**.

over
- Let's go home. The party's **over**.

anhalten *v-sep-irr*
- Die Polizei **hielt** ihn **an**, weil er zu schnell fuhr.

to stop
- The police **stopped** him because he was driving too fast.

Where and Whereabouts

Expressing Location

die **Seite**, Seiten *n*
- In Australien fahren die Autos auf der linken **Seite** der Straße.

side
- Cars drive on the left **side** of the road in Australia.

rechts *adv*
- Biegen Sie an der Kreuzung **rechts** ab!

right
- Turn **right** at the crossroads.

links *adv*
- Die Bibliothek liegt **links** von der Post.

left
- The library is **left** of the post office.

die **Mitte**, Mitten *n*
- Deutschland liegt in der **Mitte** Europas.

middle
- Germany is in the **middle** of Europe.

vor *prep*
- **Vor** dem Kino standen viele Menschen.

in front of
- Lots of people were standing **in front of** the cinema.

hinter *prep*
- Laura versteckte sich **hinter** einem Baum.

behind
- Laura was hiding **behind** a tree.

neben *prep*
- Charlotte ist eine alte Freundin. Sie saß in der Schule **neben** mir.
- Als ich den Raum betrat, stand sie **neben** dem Fenster.

next to; by
- Charlotte's an old friend. She sat **next to** me at school.
- When I entered the room she was standing **by** the window.

über *prep*
- Das Flugzeug flog weit **über** den Wolken.
- Der Hund sprang **über** den Zaun und lief weg.

above; over
- The plane was flying far **above** the clouds.
- The dog jumped **over** the fence and ran away.

unter *prep*
- **Unter** der Oberfläche der Wüste liegt viel Öl.
- Der größte Teil des Eisberges liegt **unter** der Wasseroberfläche.

below; under
- There's a lot of oil **below** the surface of the desert.
- Most of the iceberg is **under** the surface of the water.

Expressing Location

oben *adv*
- Das Bad ist **oben**.

upstairs
- The bathroom is **upstairs**.

unten *adv*
- Die Schlafzimmer sind oben und das Wohnzimmer ist **unten**.

downstairs
- The bedroooms are upstairs and the living room is **downstairs**.

gegenüber *prep*
- Das Klassenzimmer liegt dem Lehrerzimmer **gegenüber**.

opposite
- The classroom is **opposite** the teachers' room.

zwischen *prep*
- Es gibt eine direkte Zugverbindung **zwischen** London und Paris.
- Ich habe endlich mein Fotoalbum **zwischen** meinen Büchern wiedergefunden.

between; among
- There's a direct train service **between** London and Paris.
- I finally found my photo album again **among** my books.

hier *adv*
- Ich wohne **hier** schon mein ganzes Leben.

here
- I've lived **here** all my life.

dort *adv*
- Ich habe versucht, Sie anzurufen, aber Sie waren nicht **dort**.

there
- I tried to call you, but you weren't **there**.

dorthin *adv*
- Ich habe gehört, im Park ist ein Konzert. Gehst du **dorthin**?

there
- I hear there's a concert in the park. Are you going **there**?

irgendwo *adv*
- Versucht ihn zu finden, er muss **irgendwo** sein.

somewhere
- Try to find him, he must be **somewhere**.

nirgendwo *adv*
- Die vermisste Person war **nirgendwo** zu finden.

nowhere
- The missing person was **nowhere** to be found.

überall *adv*
- In Großbritannien findet man **überall** nette Pubs.
- Deine Brille könnte **überall** sein.

everywhere; anywhere
- You can find nice pubs **everywhere** in Britain.
- Your glasses could be **anywhere**.

nach *prep* — to; for
- Von hier **nach** Salzburg sind es etwa 400 Kilometer.
- Die Fähre ist heute Morgen **nach** Kiel ausgelaufen.
- It's about 400 kilometres from here **to** Salzburg.
- The ferry left **for** Kiel this morning.

in (hinein) *prep* — into
- Es wird kalt, gehen wir lieber **ins** Haus **hinein**.
- It's getting cold, let's go **into** the house.

aus (heraus), aus *prep* — out of; from
- Joe sprang **aus** dem Bett, als der Wecker klingelte.
- Michael ist **aus** Österreich.
- Joe jumped **out of** bed when the alarm clock rang.
- Michael comes **from** Austria.

hinauf *adv* — up
- Lisa ging **hinauf**, um die Kinder ins Bett zu bringen.
- Lisa went **up** to put the children to bed.

hinunter *adv* — down
- Sarah ging in den Keller **hinunter**, um nach der Heizung zu schauen.
- Sarah went **down** to the cellar to look at the heating.

um ... herum *prep* — round
- Monika ging **um** den Tisch **herum**.
- Monika walked **round** the table.

um (herum) *adv* — around
- Die Erde dreht sich **um** die Sonne.
- The earth goes **around** the sun.

auf ... zu *prep* — towards
- Ich bekam einen Schreck, als ich den Hund **auf** mich **zu**laufen sah.
- I got a fright when I saw the dog running **towards** me.

durch *prep* — through
- Unser Zug fährt **durch** den Kanaltunnel.
- Our train is going **through** the Channel Tunnel.

die Richtung, Richtungen *n* — direction
- Chris läuft in die falsche **Richtung**.
- Chris is walking in the wrong **direction**.

in Richtung *phrase* — for
- Die Fähre ist heute Morgen **in Richtung** Bremerhaven ausgelaufen.
- The ferry left **for** Bremerhaven this morning.

weg *adv* — away
- Sie stieg in ihren Wagen und fuhr **weg**.
- She got into her car and drove **away**.

Expressing Location

(hin)über *prep* — across
- Ein Boot brachte uns **über** den Fluss.
- A boat took us **across** the river.

flach *adj* — flat
- Im Norden Deutschlands ist das Land meist **flach**.
- In the north of Germany the land is mostly **flat**.

hoch *adj* — high
- In den Schweizer Alpen gibt es sehr **hohe** Berge.
- There are very **high** mountains in the Swiss Alps.

tief *adj* — low
- Die Wolken sind sehr **tief**. Es wird regnen.
- The clouds are very **low**. It's going to rain.

niedrig *adj* — low
- Achtung! Die Tür ist sehr **niedrig**.
- Watch out! The door is very **low**.

schmal *adj* — narrow
- Die Straße ist zu **schmal** für Busse und Lastwagen.
- The street is too **narrow** for buses and lorries.

nahe *adj* — near
- Können Sie mir sagen, wo die **nächste** Bushaltestelle ist?
- Can you tell me where the **nearest** bus stop is?

weit *adj* — far
- Wir können zu Fuß hingehen, es ist nicht **weit**.
- We can walk there, it isn't **far**.

Movement, Speed and Rest

(sich) bewegen *v* — to move
- Nicht die Tür öffnen, solange **sich der Zug bewegt**!
- Don't open the door while the train's **moving**.

(zu Fuß) gehen *phrase* — to walk
- Wir hatten kein Auto, also mussten wir **zu Fuß gehen**.
- We had no car, so we had to **walk**.

sich (um)drehen *v-sep* — to turn
- Ella **drehte sich um** und winkte uns zu.
- Ella **turned** around and waved at us.

springen, springt, sprang, ist gesprungen *v-irr* — to jump
- Springpferde müssen über hohe Zäune **springen** können.
- Show jumpers must be able to **jump** over high fences.

einsteigen *v-sep-irr* — to get on; to get in
- Kurz bevor der Zug abfuhr, ist Brenda **eingestiegen**.
- Brenda **got on** the train just before it departed.
- Warum **steigen** Sie nicht in den Wagen **ein** und warten auf mich?
- Why don't you **get in** the car and wait for me?

aussteigen *v-sep-irr* — to get off; to get out
- **Steig** am nächsten Bahnhof **aus**! Ich hole dich ab.
- **Get off** at the next station. I'll pick you up.
- Kathrin **stieg** aus dem Taxi **aus** und eilte ins Hotel.
- Kathrin **got out** of the taxi and rushed into the hotel.

schnell *adv* — quickly
- Kleine Kinder lernen sehr **schnell**.
- Young children learn very **quickly**.

schnell *adj* — fast
- Sie ist eine **schnelle**, aber vorsichtige Fahrerin.
- She's a **fast**, but careful driver.

langsam *adj* — slow
- Tim dachte, er würde das Rennen gewinnen, aber er war zu **langsam**.
- Tim thought he would win the race, but he was too **slow**.

sitzen, sitzt, saß, hat gesessen *v-irr* — to sit
- Verzeihung, **sitzt** hier schon jemand?
- Excuse me, **is** anyone **sitting** here?

Arrival and Departure

kommen,
kommt, kam, ist gekommen *v-irr*
- Benjamin möchte, dass du zu seiner Geburtstagsfeier **kommst**.

to come
- Benjamin wants you to **come** to his birthday party.

(hin)kommen *v-sep-irr*
- Wie kann man da ohne Wagen **hinkommen**?

to get
- How can we **get** there without a car?

ankommen *v-sep-irr*
- Gott sei Dank **sind** wir rechtzeitig **angekommen**.
- Der Zug **kommt** um 10.30 Uhr in London **an**.

to get; to arrive
- Thank God we **got** there in time.
- The train **arrives** in London at 10.30 am.

zurückkommen *v-sep-irr*
- Carl ist am 15. abgereist und **wird** am 20. **zurückkommen**.

to return
- Carl left on the 15th and **will return** on the 20th.

gehen, geht, ging, ist gegangen *v-irr*
- Ich würde gern bleiben, aber ich muss jetzt wirklich **gehen**.

to go
- I'd like to stay, but I really have to **go** now.

weggehen *v-sep-irr*
- Um den Bus zu erreichen, muss ich um halb acht **weggehen**.

to leave
- I have to **leave** at 7.30 to catch the bus.

vorbeifahren *v-sep-irr*
- Barbara winkt mir jedes Mal, wenn sie an meinem Haus **vorbeifährt**.

to pass
- Barbara always waves at me when she **passes** my house.

sich aufhalten *v-sep-irr*
- Wir **hielten uns** nur wenige Minuten am Gipfel **auf**.

to stay
- We **stayed** at the top for only a few minutes.

Colours and Shapes

Colours

die **Farbe,** Farben *n*	colour
weiß *adj*	white
schwarz *adj*	black
gelb *adj*	yellow
rot *adj*	red
blau *adj*	blue
orange *adj*	orange
grün *adj*	green
violett *adj*	violet
braun *adj*	brown
grau *adj*	grey
rosa *adj*	pink

Shapes

die **Form,** Formen *n*	shape
der **Kreis,** Kreise *n*	circle
rund *adj*	round
die **Linie,** Linien *n*	line
das **Quadrat,** Quadrate *n*	square
das **Rechteck,** Rechtecke *n*	rectangle
das **Dreieck,** Dreiecke *n*	triangle
eckig *adj*	angular

Numbers and Units of Measurement

Cardinal Numbers

0	null	zero
1	eins	one
2	zwei	two
3	drei	three
4	vier	four
5	fünf	five
6	sechs	six
7	sieben	seven
8	acht	eight
9	neun	nine
10	zehn	ten
11	elf	eleven
12	zwölf	twelve
13	dreizehn	thirteen
14	vierzehn	fourteen
15	fünfzehn	fifteen
16	sechzehn	sixteen
17	siebzehn	seventeen
18	achtzehn	eighteen
19	neunzehn	nineteen
20	zwanzig	twenty
21	einundzwanzig	twenty-one
22	zweiundzwanzig	twenty-two
30	dreißig	thirty
40	vierzig	forty

50	fünfzig	fifty
60	sechzig	sixty
70	siebzig	seventy
80	achtzig	eighty
90	neunzig	ninety
100	(ein)hundert	(one) hundred
1.000 1 000	(ein)tausend	(one) thousand
1.000.000 1 000 000	eine Million	one million
	eine Milliarde	one billion

die Zahl, Zahlen *n*
- Viele glauben, dass die **Zahl** 13 eine Unglückszahl ist.
- Ich kenne die neuesten **Zahlen** nicht.

number; figure
- Many people think that the **number** 13 is an unlucky number.
- I don't know the latest **figures**.

die Nummer, Nummern *n*
- Nehmen Sie den Bus **Nummer** 9 und fahren Sie bis zur Endhaltestelle.

number
- Take the **number** 9 bus and stay on until the last stop.

zählen *v*
- Sandra kann auf Chinesisch von eins bis zehn **zählen**.

to count
- Sandra can **count** from one to ten in Chinese.

Ordinal Numbers

1.	erste(r, -s)	1st	first
2.	zweite(r, -s)	2nd	second
3.	dritte(r, -s)	3rd	third
4.	vierte(r, -s)	4th	fourth
5.	fünfte(r, -s)	5th	fifth
6.	sechste(r, -s)	6th	sixth
7.	sieb(en)te(r, -s)	7th	seventh
8.	achte(r, -s)	8th	eighth
9.	neunte(r, -s)	9th	ninth
10.	zehnte(r, -s)	10th	tenth
11.	elfte(r, -s)	11th	eleventh
12.	zwölfte(r, -s)	12th	twelfth
13.	dreizehnte(r, -s)	13th	thirteenth
14.	vierzehnte(r, -s)	14th	fourteenth
15.	fünfzehnte(r, -s)	15th	fifteenth
16.	sechzehnte(r, -s)	16th	sixteenth
17.	siebzehnte(r, -s)	17th	seventeenth
18.	achtzehnte(r, -s)	18th	eighteenth
19.	neunzehnte(r, -s)	19th	nineteenth
20.	zwanzigste(r, -s)	20th	twentieth

➡ In German, ordinal numbers, from twenty onwards are formed by attaching the ending **-ste** to the cardinal number, i.e. **zwanzigste, einundzwanzigste, zweiundzwanzigste** ... up to and including **hundertste** and **tausendste**. Ordinal numbers are declined like other adjectives.

Weights and Measurements

der **Meter**, Meter n	metre

➡ The following abbreviations are commonly used in German for units of measure: **cm (Zentimeter), g (Gramm), kg (Kilo or Kilogramm), km (Kilometer), m (Meter), l (Liter).**

der **Zentimeter**, Zentimeter n	centimetre
der **Millimeter**, Millimeter n	millimetre
der **Kilometer**, Kilometer n	kilometre
das **Kilogramm**, Kilogramm, Kilogramme n	kilogramme
das **Gramm**, Gramm, Gramme n	gram; gramme
die **Tonne**, Tonnen n	ton; tonne
der **Liter**, Liter n	litre
das **Grad** n	degree

Categories

die **Art**, Arten n
- Welche **Art** Musik hört sie gern?

kind
- What **kind** of music does she like?

die **Sorte**, Sorten n
- In England kann man viele verschiedene **Sorten** Tee kaufen.
- Ich habe zwei **Sorten** Kaffee gekauft.

sort; type
- In England you can buy many different **sorts** of tea.
- I bought two **types** of coffee.

die **Qualität**, Qualitäten n
- Es kostet mehr, ist aber auch bessere **Qualität**.

quality
- It costs more but it's also better **quality**.

die **Klasse**, Klassen n
- Reisen Sie erster oder zweiter **Klasse**?

class
- Are you travelling first or second **class**?

die **Reihenfolge**, Reihenfolgen n
- Die Namen auf der Liste stehen in keiner besonderen **Reihenfolge**.

order
- The names on the list are in no particular **order**.

Quantities

einige *pron*
- Es waren **einige** Leute da.
- Wir aßen **einige** Kräcker und tranken Tee.

a few; some
- There were **a few** people there.
- We had **some** crackers and tea.

➡ The expressions **mehrere** and **einige** are used when you are talking about more than two things but you are not exactly sure how many.

etwas, (irgend)etwas *pron*
- Könnte ich bitte noch **etwas** Brot haben?
- Hast du Geld?
- Wir können nach der Vorstellung **etwas** essen.
- Kann ich **etwas** für Sie tun?

some; any; something; anything
- Could I have **some** more bread, please?
- Have you got **any** money?
- We can eat **something** after the show.
- Is there **anything** I can do for you?

➡ **Etwas** is used in German to describe an unspecified amount of a whole: **Ich hätte gerne etwas Wasser.** I'd like some water. **Gibt es noch etwas Brot?** Is there some bread left?

irgendein(e) *pron*
- Haben Sie **irgendeine** Information über diese Orte?
- Ich hoffe, wir können **irgendeine** Lösung finden.

any; some
- Have you got **any** information about these places?
- I hope we can find **some** kind of solution.

irgendwelche *pron*
- Sind Briefe für mich angekommen?

any
- Are there **any** letters for me?

viel *pron*
- Danke, ich möchte nicht so **viel** Saft.

much
- I don't want that **much** juice, thank you.

viel(e), viele *pron*
- Es gibt **viele** Parks in der Gegend.
- Ich habe nicht **viele** CDs, aber ich habe viele Bücher.

a lot of; many
- There are **a lot of** parks in the area.
- I haven't got **many** CDs but I've got a lot of books.

wenig, wenig(e) *pron*
- Mary hatte sehr **wenig** Geld im Portemonnaie.
- Viele Menschen werden 80 Jahre, aber **wenige** werden 100 Jahre alt.

little; few
- Mary had very **little** money in her purse.
- Many people live to be 80, but **few** live to be 100.

Quantities

alle *pron* — all; everybody; everyone
- Jane hat **alle** ihre Freunde eingeladen.
- Jane has invited **all** her friends.

alles *pron* — everything
- Wir haben **alles** für ein Picknick eingekauft.
- We bought **everything** for a picnic.

jeder(mann) *pron* — everybody; everyone
- In kleinen Dörfern kennt **jeder jeden**.
- In small villages **everybody** knows **everybody** else.
- **Jeder** darf eine Tafel Schokolade haben.
- **Everyone** can have a chocolate bar.

jede(r, -s) *pron* — each; every
- Wir haben fünf Zimmer, **jedes** mit eigenem Bad.
- We have five rooms, **each** with its own bathroom.
- Wir besuchen Oma **jeden** Tag.
- We go to see Grandma **every** day.

jemand, (irgend)jemand *pron* — someone; anyone; somebody
- **Jemand** hat mir Salz in den Kaffee getan.
- **Someone**'s put salt in my coffee.
- Hat **irgendjemand** meinen Taschenrechner gesehen?
- Has **anyone** seen my pocket calculator?
- Da ist **jemand**, der dich sprechen will.
- There's **somebody** who wants to talk to you.

niemand *pron* — nobody
- Ich habe angerufen, aber **niemand** ging ans Telefon.
- I called but **nobody** answered the phone.

kein(e) *pron* — any
- Er hat **keine** Informationen über diese Gegend.
- He hasn't **any** information about this area.

kein(e) *pron* — no
- Es gab nicht genügend Ärzte und **keine** Krankenhäuser.
- There were not enough doctors, and **no** hospitals.

nichts *pron* — nothing
- Der Safe ist leer. Es ist **nichts** darin.
- The safe's empty. There's **nothing** in it.

noch ein(e) *pron* — another
- Möchten Sie **noch eine** Tasse Tee?
- Would you like **another** cup of tea?

ein bisschen *adv*
- Ich bin **ein bisschen** müde und lege mich etwas hin.

a bit
- I'm **a bit** tired and am going to lie down for a while.

genug *pron*
- Es gibt nicht **genug** zu essen in unserem Kühlschrank.

enough
- There isn't **enough** to eat in our fridge.

ungefähr *adv*
- New York City hat **ungefähr** acht Millionen Einwohner.

about
- New York City has **about** eight million inhabitants.

über *prep*
- Wir empfangen **über** 400 Fernsehkanäle.

over
- We receive **over** 400 TV channels.

das **Stück, Stücke** *n*
- Zum Nachtisch können Sie Eis und ein **Stück** Apfelkuchen haben.

piece
- For dessert you can have ice cream and a **piece** of apple pie.

beide *pron*
- Seine Eltern sind **beide** Lehrer.

both
- **Both** of his parents are teachers.

das **Paar, Paare** *n*
- Die Socken, die du anhast, sind kein **Paar**.

pair
- The socks you are wearing aren't a **pair**.

die **Gruppe, Gruppen** *n*
- Die **Gruppe** besteht nur aus Frauen – sogar eine Drummerin.

group
- The **group** consists only of women – even a female drummer.

Categorisation — General Concepts

Differences and Classifications

der **Teil**, **Teile** *n*
- Diese **Teile** eines Autos müssen regelmäßig kontrolliert werden.

part
- These **parts** of a car must be chekked regularly.

das **Gegenteil**, **Gegenteile** *n*
- Das **Gegenteil** von interessant ist langweilig.

opposite
- The **opposite** of interesting is boring.

der **Unterschied**, **Unterschiede** *n*
- Ich sehe keinen **Unterschied** zwischen dem Original und der Kopie.

difference
- I see no **difference** between the original and the copy.

normal *adj*
- Die **normale** Arbeitszeit geht in Großbritannien von 9 bis 17 Uhr.

normal
- **Normal** working hours in Britain are from nine to five.

wie *prep*
- Es sieht aus **wie** Gold, ist aber keines.

like
- It looks **like** gold but it isn't.

(genau)so ... wie *conj*
- Robert ist **genauso** intelligent **wie** sein Lehrer.

as ... as
- Robert's **as** intelligent **as** his teacher.

als *prep*
- Leon ist erst 15, aber größer **als** sein Vater.
- Alex ist Lehrer, arbeitet aber **als** Fußballtrainer.

than; as
- Leon's only 15, but taller **than** his father.
- Alex is a teacher but he works **as** a football coach.

zusammen *adv*
- Die ganze Familie war endlich wieder **zusammen**.

together
- The family were all **together** again at last.

nur *adv*
- Wir waren **nur** zu zweit gegen fünf von ihnen.

only
- There were **only** two of us against five of them.

Cause, Effect and Manner

die **Art und Weise** *phrase*
- Weniger zu essen, ist die beste **Art und Weise** abzunehmen.

way
- Eating less is the best **way** to lose weight.

der **Grund**, **Gründe** *n*
- Ich verstehe deine **Gründe**, aber du solltest dich entschuldigen.

reason
- I understand your **reasons**, but you should apologize.

um … zu *conj*
- American-Football-Spieler tragen Helme, **um** ihren Kopf **zu** schützen.
- Papa nahm die Uhr auseinander, **um** sie **zu** reparieren.

(in order) to
- American football players wear helmets **to** protect their heads.
- Dad took the clock apart **in order to** repair it.

weil *conj*
- Du bekommst keinen Führerschein, **weil** du noch nicht 17 bist.

because
- You can't get a driving licence **because** you aren't 17 yet.

wie *conj*
- Es spielt keine Rolle, was man sagt, sondern **wie** man es sagt.

how
- It doesn't matter what you say but **how** you say it.

fast *adv*
- Sue hatte einen schweren Unfall und wäre **fast** gestorben.
- Nur noch ein paar Tage, unsere Ferien sind **fast** vorbei.

nearly; almost
- Sue had a serious accident and very **nearly** died.
- Only a few more days, our holiday is **almost** over.

kaum *adv*
- Sie haben ihren Lehrer gern, aber **kaum** etwas gelernt.

hardly
- They like their teacher but have **hardly** learned anything at all.

auch *adv*
- Ich kenne das Buch und habe **auch** den Film gesehen.
- Linda spricht Englisch und Französisch und **auch** etwas Deutsch.

too; also
- I know the book and I've seen the film **too**.
- Linda speaks English and French and **also** a little German.

Function Words

Interrogative Pronouns

wann *pron*
- **Wann** kommen wir an?

when
- **When** do we arrive?

warum *pron*
- **Warum** kommst du nicht für eine Minute rauf?

why
- **Why** don't you come up for a minute?

was *pron*
- **Was** hast du gestern Abend gemacht?

what
- **What** did you do last night?

welche(r, -s) *pron*
- **Welches** Buch willst du?

which
- **Which** book do you want?

wer *pron nom*
- **Wer** hat dir das gesagt?

who
- **Who** told you that?

wen *pron acc*
- **Wen** siehst du dort?

who
- **Who** can you see there?

wem *pron dat*
- **Wem** willst du etwas schenken?

who
- **Who** do you want to give something to?

wie *pron*
- **Wie** komme ich zum Bahnhof?

how
- **How** do I get to the station?

wo *pron*
- **Wo** wohnst du?

where
- **Where** do you live?

wohin *pron*
- **Wohin** gehst du, David?

where
- **Where** are you going, David?

Prepositions

mit *prep*
- Möchtest du deinen Kaffee **mit** oder ohne Zucker?

with
- Do you want your coffee **with** or without sugar?

ohne *prep*
- **Ohne** Luft kann man nicht atmen.

without
- You can't breathe **without** air.

als *prep*
- Alex ist Lehrer, arbeitet aber **als** Fußballtrainer.

as
- Alex is a teacher but he works **as** a football coach.

zwischen *prep*
- Es gibt eine direkte Zugverbindung **zwischen** London und Paris.

between
- There's a direct train service **between** London and Paris.

von ... nach *prep*
- Wir flogen **von** New York **nach** Denver.

from ... to
- We flew **from** New York **to** Denver.

von ... bis *prep*
- Das Spiel dauerte **von** acht **bis** zehn.

from ... to
- The game lasted **from** eight **to** ten.

für *prep*
- Ich habe ein kleines Geschenk **für** dich.

for
- I've got a little present **for** you.

über *prep*
- Lass uns jetzt nicht **über** Geld sprechen!

about
- Let's not talk **about** money now.

von (not usually translated in the genitive form) *prep*
- Er hat mir nichts **von** seinen finanziellen Problemen gesagt.
- Ich liebe die Farbe ihres Haares.
- Elisabeth I. wurde 1558 Königin **von** England.
- „Hamlet" wurde **von** Shakespeare geschrieben.

about; **of**; **by**
- He didn't tell me **about** his financial problems.
- I love the colour **of** her hair.
- Elizabeth I became Queen **of** England in 1558.
- "Hamlet" was written **by** Shakespeare.

an *prep*
- Robert stand **an** der Bushaltestelle.
- **An** allen Wänden hängen schöne Bilder.

at; **on**
- Robert was standing **at** the bus stop.
- There are beautiful pictures **on** all the walls.

in *prep*
- Wo ist Sarah? Sie ist nicht **in** der Schule.
- Bewahre Eier immer **im** Kühlschrank auf!

at; in
- Where's Sarah? She's not **at** school.
- Always keep eggs **in** the refrigerator!

durch *prep*
- Ian wurde **durch** ein Auto verletzt.

by
- Ian was injured **by** a car.

innerhalb *prep*
- Sie werden **innerhalb** der nächsten Stunde ankommen.

within
- They'll arrive **within** an hour.

nach *prep*
- **Nach** der Statistik passieren die meisten Unfälle in der Küche.

according to
- **According to** statistics, most accidents happen in the kitchen.

statt *prep*
- Man kann Margarine **statt** Butter verwenden.

instead of
- You can use margarine **instead of** butter.

trotz *prep*
- Sie gingen **trotz** des Sturms segeln.

in spite of
- They went sailing **in spite of** the storm.

Conjunctions

und *conj*
- Ich bin müde **und** hungrig.

and
- I'm tired **and** hungry.

oder *conj*
- Sie können Kaffee **oder** Tee haben.

or
- You can have coffee **or** tea.

aber *conj*
- Das Restaurant ist teuer, **aber** sehr gut.

but
- The restaurant is expensive **but** very good.

sondern *conj*
- Er ist nicht 50, **sondern** 60 Jahre alt.

but
- He's isn't 50 **but** 60 years old.

dass *conj*
- Wir sind glücklich, **dass** den Kindern nichts geschehen ist.

that
- We're happy **that** the children are safe.

wenn *conj* | if
- Wir gehen morgen joggen, **wenn** es nicht regnet. | - We're going jogging tomorrow **if** it doesn't rain.

ob *conj* | if
- Ich weiß nicht, **ob** Lily kommt oder nicht. | - I don't know **if** Lily's coming or not.

Auxiliary and Modal Verbs

haben, hat, hatte, hat gehabt *v-aux* — have; have got
- Ich **habe** neue Teller gekauft.
- I **have** bought some new plates.

➡ A synonym of **haben** as a full verb is **besitzen: Ich habe Teller = Ich besitze Teller.**

sein, ist, war, ist gewesen *v-aux* — have
- Er **ist** zu der besten Staatsanwältin gegangen?
- He **has** gone to the best public prosecutor?

➡ **Sein** can also be a full verb meaning **to be: Frau Dieter ist Ärztin.**

werden, wird, wurde, ist geworden *v-aux* — to be going to; will; be
- Anna und Paul **werden** morgen ein neues Auto kaufen.
- Anna and Paul **are going** to buy a new car tomorrow.
- Der Hund **wird** gerade gefüttert.
- The dog **is** just **being** fed.

dürfen, darf, durfte, hat gedurft *v-irr* — can
- **Darf** ich jetzt nach Hause gehen?
- **Can** I go home now?

➡ The negative form **nicht dürfen** can be translated as **cannot** or **not to be allowed: Sie dürfen hier nicht parken! You are not allowed to park here!**

können, kann, konnte, hat gekonnt *v-irr* — can; be able to
- **Können** Sie mir sagen, wie man dahin kommt?
- **Can** you tell me how to get there?

mögen, mag, mochte, hat gemocht *v-irr* — to like
- **Magst** du Kartoffelbrei?
- Do you **like** mashed potato?

➡ The negative form of this modal verb is **nicht mögen**, which translates as **do not like, do not want: Nein, ich möchte jetzt nicht mit dir telefonieren. No, I don't want to phone you now.**

müssen,
  muss, musste, hat gemusst *v-irr*
  - Ich **muss** jetzt nach Hause gehen.
  - Es **muss** doch heute Abend etwas Interessantes im Fernsehen geben.

to have to; must
  - I **have to** go home now.
  - There **must** be something interesting on TV tonight.

sollen, soll, sollte, hat gesollt *v-irr*
  - **Soll** ich das Fenster öffnen?

shall
  - **Shall** I open the window?

wollen, will, wollte, hat gewollt *v-irr*
  - **Willst** du mich in Wien besuchen kommen?

to want
  - Do you **want** to come and visit me in Vienna?

Countries

Europa n	Europe
europäisch adj	European
der **Europäer**, die **Europäerin**, **Europäer** n	European
Deutschland n	Germany
deutsch adj	German
Deutsch n	German
der **Deutsche**, die **Deutsche**, **Deutschen** n m-f	German
Österreich n	Austria
österreichisch adj	Austrian
der **Österreicher**, die **Österreicherin**, **Österreicher** n	Austrian
die **Schweiz** n	Switzerland
schweizerisch adj	Swiss
der **Schweizer**, die **Schweizerin**, **Schweizer** n	Swiss
Großbritannien n	Great Britain
britisch adj	British
der **Brite**, die **Britin**, **Briten** n	Briton
England n	England
englisch adj	English
Englisch n	English
die **Engländer** n pl	the **British**
der **Engländer**, **Engländer** n m	Englishman
die **Engländerin**, **Engländerinnen** n f	Englishwoman
Irland n	Ireland

irisch *adj*	**Irish**
die **Iren** *n pl*	the **Irish**
der **Ire, Iren** *n*	**Irishman**
die **Irin, Irinnen** *n*	**Irishwoman**
Schottland *n*	**Scotland**
schottisch *adj*	**Scottish**
der **Schotte,** die **Schottin, Schotten** *n*	**Scot**
Amerika *n*	**America**
amerikanisch *adj*	**American**
der **Amerikaner,** die **Amerikanerin, Amerikaner** *n*	**American**
die **Vereinigten Staaten** *n pl*	the **United States**
die **USA** *n pl*	the **United States**
US-amerikanisch *adj*	**American**
Afrika *n*	**Africa**
afrikanisch *adj*	**African**
der **Afrikaner,** die **Afrikanerin, Afrikaner** *n*	**African**
Asien *n*	**Asia**
asiatisch *adj*	**Asian**
der **Asiate,** die **Asiatin, Asiaten** *n*	**Asian**
Australien *n*	**Australia**
australisch *adj*	**Australian**
der **Australier,** die **Australierin, Australier** *n*	**Australian**

Index German – English 187

A
Abend 157
Abendessen 99
Abendgesellschaft 81
aber 182
abfahren 108
Abfahrt 115
Abfallkorb 70
Abgeordnete 149
Abonnement 128
abreisen 108
absagen 109
abschließen 106
Abschluss 61
abspeichern 135
abstürzen 56
Abteil 116
Abteilung 68, 152
abtrocknen 57
abwaschen 106
abwesend 62
Adjektiv 63
Adresse 14
Adverb 63
Afrika 186
Afrikaner(in) 186
afrikanisch 186
Agentur 137
akzeptieren 39
Alarm 57
Alkohol 97
All 123
alle 176
allein 33
alles 176
Alles Gute! 79
Alles klar! 43
Alphabet 63
als 178, 181
alt 27
Alter 27
am besten 61
Amerika 186
Amerikaner(in) 186
amerikanisch 186
Ampel 119
Amt 152
amtlich 152
amüsant 81
amüsieren (sich) 81
an 181
anbauen 140

anbieten 87
an der Reihe sein 89
anfangen 163
Angebot 87
Angeklagte 153
angeln 86
angenehm 31
angestellt 71
Angestellte 71
Angst 32
anhaben 19
anhalten 163
Anhang 131
anklagen 153
ankommen 169
Ankunft 115
anmelden (sich) 62
Anmeldung 62
annehmen 50
anprobieren 19
Anruf 130
anrufen 130
anschauen 33
ansehen (sich) 78
anstehen 89
Anstellung 71
anstrengend 47
antik 77
Antwort 36
antworten 36
Anwältin 69
anwesend 62
anziehen 19
Anzug 20
Apartment 102
Apfel 94
Apfelwein 97
Apotheker(in) 69
Appetit 91
Aprikose 94
April 156
Arbeit 67
arbeiten 67
arbeiten als 67
Arbeiter(in) 71
Arbeitgeber(in) 71
arbeitslos 71
Arbeitslosigkeit 71
Arbeitsplatz 67
Ärger 41
ärgerlich 41
arm 146
Arm 51
Armband 21

Armbanduhr 21
Armee 150
Armut 146
Artikel 128
Art 174
Art und Weise 179
Ärztin 69
Asiate 186
Asiatin 186
asiatisch 186
Asien 186
Assistent(in) 69
Atheist(in) 148
Atlantik 122
attraktiv 17
auch 179
Aufführung 78
aufgeben 127
aufhalten (sich) 169
aufhören 163
aufladen 132
aufnehmen 129
aufräumen 102
aufregen (sich) 41
aufstehen 46
Auftrag 137
Auf Wiederhören! 130
Auf Wiederluege! 42
Auf Wiedersehen! 42
auf ... zu 166
Aufzug 103
Auge 51
Augenblick 159
August 156
aus 166
ausbilden 66
Ausbildung 66
ausbrechen 150
auschecken 110
ausdrucken 135
Ausflug 111
ausführen 136
ausfüllen 152
Ausgabe 128
Ausgang 103
ausgeben 88
ausgehen 80
aus heraus 166
Auskunft 115
Ausland 146
Ausländer(in) 146
ausländisch 147

auslaufen 118
ausleihen (sich) 50
ausloggen 132
ausschalten 104
aussehen 17
Aussehen 17
Aussprache 64
aussprechen 65
aussteigen 168
Ausstellung 77
aussuchen 87
Australien 186
Australier(in) 186
australisch 186
ausverkauft sein 88
auswählen 87
Ausweis 109
ausziehen 19
Auto 118
Autobahn 113

B
Baby 27
backen 92
Bäckerei 90
Bäckerin 69
Bad 103
Badeanzug 20
Badehose 20
baden 57
Badewanne 105
Bahnhof 115
Bahnsteig 116
bald 162
Balkon 104
Ball 82
Bank 137
Bargeld 137
Bass 76
basteln 86
Bauch 51
bauen 101
Bauernhof 140
Baum 120
Baumwolle 143
Baustelle 102
beantworten 36
bedanken (sich) 37
bedeuten 64
Bedeutung 64
Bedien dich! 43
bedienen 87

Index German – English

Bedienen Sie sich! 43
beeinflussen 148
beenden 45, 163
beerdigen 28
Beerdigung 28
Befehl 38
befehlen 38
befreundet sein mit
  j-m 25
beginnen 163
behalten 49
behandeln 55
Behandlung 55
behindert 54
Behinderte 54
beide 177
Bein 51
Beispiel 60
Bekleidungs-
  geschäft 90
bekommen 49
bemerken 30
bemühen (sich) 47
benutzen 44
Benutzerkonto 132
Benutzername 132
Benzin 119
bequem 104
bereit erklären (sich)
  48
Berg 121
bergsteigen
  gehen 83
Beruf 67
berühmt 85
berühren 33
beschäftigt 67
Bescheinigung 153
beschweren (sich) 42
besetzt 130
besichtigen 111
Besichtigung 111
Besitz 49
besitzen 49
besser 61
besuchen 26, 62
beten 147
betroffen 28
betrunken 54
Bett 105
Bevölkerung 145
bewaffnet 151
bewegen 168
bewegen (sich) 168

bewerben (sich) 72
Bewerbung 71
bewölkt 124
bewusstlos 54
bezahlen 100
Bezahlung 72
Bibliothek 74
Bier 97
bieten 87
Bikini 20
Bild 77
Bildschirm 134
Billett 114
billig 88
biologisch
  angebaut 141
Birne 94
bis 160
Bis dann! 42
Bis morgen! 42
Bis später! 42
bis spätestens 160
bitte 37
bitten 36
blasen 125
Blatt 70, 120
blau 170
Blick 33
Blitz 85
Blog 133
blond 18
Blume 120
Bluse 20
Blut 51
bluten 54
Bonbon 96
Boot 117
Botschaft 149
Boutique 90
Brand 56
Braten 98
brauchen 44
braun 170
brav 15
brechen (sich) 53
brennen 126
Breze 93
Brief 127
Briefmarke 127
Brille 21
bringen 49
Brite 185
Britin 185
britisch 185

Brot 93
Brötchen 93
Brotzeit 98
Brücke 113
Bruder 22
Brust 51
Buch 74
buchen 109
Buchhandlung 90
Buchstabe 63
buchstabieren 63
Bühne 78
Büro 70
Bürostuhl 70
bürsten 58
Bus 114
Butter 95

C
Café 98
Camping 110
Campingplatz 110
Cappuccino 97
CD 76
CD-Spieler 76
Cent 138
Charakter 15
chatten 133
Chef(in) 68
Coca-Cola® 97
Cola® 97
Computer 134
Couch 105
Cousin 22
Cousine 22
Creme 58

D
Dach 102
Danke! 37
Danke, gut. 43
danken 37
Danke schön! 37
dann 161
das heißt 40
Das macht nichts. 43
dass 182
Datei 135
Daten 135
Daten herunter-

laden 132
Datum 158
dauern 160
Decke 103, 105
Demokratie 149
demokratisch 149
den Haushalt
  machen 106
denken 29
deutsch 185
Deutsch 185
Deutsche 185
Deutschland 185
Dezember 156
dick 18
Diebstahl 155
Dienstag 157
Diesel 119
digital 135
Digitalkamera 85
Ding 44
Disko 81
Diskussion 39
diskutieren 39
doch 36
Dollar 139
Dom 111
Donnerstag 157
Doppelzimmer 110
Dorf 112
dort 165
dorthin 165
draußen 103
drehen 45
drehen (sich) 168
Dreieck 170
Drink 97
drinnen 103
Drogerie 90
drücken 45
Drucker 134
duften 34
dumm 16
Dummheit 16
düngen 141
Dünger 141
dunkel 18
dünn 18
durch 166, 182
durchgehend 116
dürfen 38, 183
Durst 91
durstig 91
Dusche 105

Index German – English 189

duschen 57
Duschgel 58
DVD 78
DVD-Player 78

E

EC-Karte 137
eckig 170
E-Gitarre 76
Ehe 24
Ehefrau 24
Ehemann 24
ehrlich 16
Ei 96
eigen 49
Eigentum 101
ein bisschen 177
einchecken 110
Eindruck 30
einfach 62
einfügen 135
einführen 137
Eingang 103
einige 175
Einigung 39
einkaufen gehen 87
Einkaufstasche 89
Einkaufszentrum 90
einladen 26
einloggen 132
einmal 163
einschalten 104
einsteigen 168
einstellen 71
Eintritt 111
Eintrittskarte 78
einverstanden sein 39
Einwohner(in) 152
Einzelzimmer 110
Eis 96, 126
Eisen 143
Eisenbahn 115
Eiswürfel 97
elektrisch 142
Eltern 22
E-Mail 131
E-Mail-Adresse 131
E-Mail-Anhang 131
Empfehlung 39
Ende 163
enden 163

Energie 142
eng 19
England 185
Engländer 185
Engländerin 185
englisch 185
Englisch 185
entdecken 142
Entdeckung 142
entfernen 45
entscheiden (sich) 47
Entscheidung 47
Entschuldigung. 37
Erdapfel 94
Erdbeben 126
Erdbeere 94
Erdboden 121
Erde 123
Erdgeschoss 102
Erdöl 143
erfinden 143
Erfindung 142
erfreut 31
erhalten 50
erhöhen 139
erinnern (sich) 29
Erinnerung 29
erkälten (sich) 53
Erkältung 52
erklären 35
Erklärung 35
erlauben 38
Erlaubnis 38
ermorden 155
Ermordung 155
erneuerbare Energien 142
Ernte 141
ernten 141
erobern 144
Ersparnisse 138
erster Stock 102
erster Weihnachtstag 80
erwachsen 27
Erwachsene 27
erwarten 30
erzählen 35
Erzählung 74
Espresso 97
essen 91
Essig 96
Esszimmer 103
Etage 102

etwas 175
Euro 138
Europa 185
Europäer(in) 185
europäisch 185
existieren 148

F

Fach 66
Fähre 118
fahren 118
Fahrer(in) 118
Fahrgast 114
Fahrkarte 114
Fahrkartenschalter 115
Fahrplan 115
Fahrrad 118
Fahrrad fahren 118
fair 84
fallen 46
falsch 60
Familie 22
Familienname 14
fangen 83
Farbe 170
Fasching 80
fast 179
Fastnacht 80
faul 15
Feber 156
Februar 156
fehlen 63
Fehler 60
Fehler machen 60
Fehlermeldung 135
feiern 79
Feiertag 157
feige 16
Feind(in) 151
Feld 140
Fenster 103
Ferien 108
fernsehen 128
Fernsehen 128
Fernseher 128
fertig 46
Fest 79
Festplatte 134
Feuer 126
Feuerwehr 57
Feuerzeug 107

Fieber 53
Figur 17
Film 78
finanziell 138
finden 45
Finger 51
Firma 136
Fisch 95, 120
flach 167
Flasche 93
Flatrate 131
Fleisch 95
fliegen 117
fliehen 151
Flöte 76
Flüchtling 151
Flug 117
Fluggesellschaft 117
Flughafen 117
Flugplan 117
Flugsteig 117
Flugzeug 117
Fluss 122
Föhn 107
fordern 72
Forderung 72
Form 170
Formular 152
Foto 85
Fotoapparat 85
fotografieren 85
Fotokopie 70
Frage 36
fragen 36
fragen (sich) 29
Frau 13
frei 154
Freiheit 154
Freitag 157
Freizeit 85
fremd 147
Fremdsprache 64
Freude 31
freuen (sich) 31
Freund(in) 25
freundlich 15
Freundschaft 25
Frieden 150
Friedhof 113
friedlich 150
frisch 92
Friseur(in) 69
Frisur 18
froh 31

Frohe Ostern! 79
Frohe Weihnachten! 79
Frucht 94
fruchtbar 140
früh 161
Frühjahr 156
Frühling 156
Frühstück 99
frühstücken 99
fühlen (sich) 31
führen 111
Führerschein 118
Führung 111
funktionieren 141
für 181
fürchten (sich) 32
Fuß 51
Fußball 83
Fußboden 103

G

Gabel 107
Galerie 77
Gang 99
Garage 104
Garnele 95
Garten 103
Gas 143
Gast 26
Gasthaus 98
Gaststätte 98
Gebäude 102
geben 49
Gebiet 121
Gebirge 121
geboren werden 27
Gebrauch 44
gebraucht 88
Geburt 26
Geburtstag 79
Gedanke 29
Geduld 16
Gefahr 56
gefährlich 56
gefallen 87
Gefallen 48
Gefühl 31
gegen 40
Gegenteil 178
gegenüber 165
Gegner(in) 84

Gehalt 72
gehen 168, 169
Gehirn 51
Gehweg 113
Geige 76
Geist 147
gelb 170
Geld 137
Geldschein 138
gemeinsam 25
Gemüse 94
genau 40, 143
genauso ... wie 178
Genehmigung 38
genießen 81
genug 177
geöffnet 87
Gepäck 109
Geräusch 33
gerecht 154
Gerechtigkeit 154
Gericht 98, 153
Geruch 34
Gesäß 51
Geschäft 90
Geschäfte
 machen 136
Geschäfts-
 führer(in) 68
Geschäftsleitung 68
Geschenk 79
Geschichte 74, 144
geschieden 14
Geschirr 107
geschlossen 87
Geschwister 22
Gesellschaft 145
gesellschaftlich 145
Gesetz 153
Gesicht 17
Gespräch 34
gestern 159
gesund 52
Gesundheit 52
gesund werden 52
Getränk 97
Getreide 120
getrennt 14
Gewerkschaft 73
gewinnen 84
Gewitter 125
gewöhnt sein an 16
gießen 141
Gipfel 121

Gitarre 76
Glas 107, 143
glatt 143
Glaube 147
glauben 147
Gleis 116
Glück 31, 85
glücklich 31
Glücksspiele
 spielen 85
Glückwunsch! 79
Gold 143
Gott 147
Grab 28
Grad 174
Gramm 174
Grammatik 63
Gras 120
gratulieren 79
grau 170
Grenze 150
groß 17
Großbritannien 185
Großeltern 22
Großmutter 22
Großvater 22
grün 170
Grund 179
Grundstück 101
Gruppe 177
gültig 109
günstig 88
Gurke 94
gut 61
Guten Abend! 42
Gute Nacht! 42
Guten Appetit! 91
Guten Morgen! 42
Guten Tag! 42
gut gehen 52
gut zu etw.
 passen 19

H

Haar 17
Haarbürste 58
haben 49, 183
Hafen 117
halbe Stunde 158
Hallo! 42
Hals 51
Halskette 21

halten 45
Haltestelle 114
Hamburger 98
Hand 51
Handschuh 21
Handtasche 21
Handtuch 107
Handwerker(in) 69
Handy 131
Handynummer 14
Hardware 134
hart 143
Hass 23
hassen 23
hässlich 17
Hauptgericht 99
Hauptspeise 99
Haus 102
Hausaufgaben 66
Hausfrau 68
Haushalt 106
Hausmann 68
Hausnummer 14
Heft 60
Heiligabend 80
Heimatland 150
heiraten 23
heiß 124
heißen 13
heizen 104
Heizung 105
helfen 48
hell 18
Hemd 20
Herbst 156
Herd 107
Herein! 43
herkommen 14
Herr 13
herrschen 144
Herrscher(in) 144
herüberreichen 99
herunterfahren 134
herunterladen 132
Herz 51
heute 159
hier 165
Hilfe 48
Himmel 123
hinauf 166
hindern 38
hinkommen 108, 169
hinsetzen (sich) 104
hinter 164

Index German – English

hinüber 167
hinunter 166
historisch 144
Hitze 124
Hobby 85
hoch 75, 167
hochfahren 134
Hochschule 66
Hochzeit 23
hoffen 29
Hoffentlich! 43
Hoffnung 29
höflich 15
holen 50
Holz 143
Honig 96
hören 33, 75
Hose 20
Hotel 110
hübsch 17
Hügel 121
Huhn 120
Hühnchen 95
Hund 120
Hunger 91
hungrig 91
husten 53
Husten 53
Hut 21
Hybridauto 118

I

Ich hätte gerne ... 87
illegal 153
im 182
Imbiss 98
im Jahr 159
im Jahre 159
immer 160
in 159, 166, 182
inbegriffen 100
Industrie 136
Information 128
informieren 128
in hinein 166
innen 103
innerhalb 182
in Ohnmacht fallen 54
in Ordnung 38, 39
in Richtung 166
in Ruhestand

gehen 73
ins Bett gehen 46
Insel 122
Instrument 76
inszenieren 78
interessant 59
Interesse 59
interessieren für (sich) 59
interessiert 59
international 146
Internet 131
Ire 186
Iren 186
irgendein(e) 175
irgendetwas 175
irgendjemand 176
irgendwelche 175
irgendwo 165
Irin 186
irisch 186
Irland 185
irren (sich) 61

J

ja 36
Jacke 20
Ja, gern. 43
Jahr 156
... Jahre alt sein 27
Jahrestag 79
Jahreszeit 156
Jänner 156
Januar 156
Jeans 20
jedermann 176
jede(r, -s) 176
jemand 176
jetzt 159
j-m etw. übel nehmen 42
j-m helfen, etw. zu tun 48
j-m stehen 19
Job 67
Jugend 27
Jugendherberge 110
jugendlich 27
Juli 156
jung 27
Junge 13
Juni 156

K

Kabeljau 95
Kaffee 97
Kaffeemaschine 107
Kaiser(in) 144
Kalb 120
Kalbfleisch 95
Kalender 70
kalt 124
Kälte 124
Kamm 58
kämmen (sich) 58
kämmen 58
Kampf 151
kämpfen 151
Kann ich dir helfen? 43
Kann ich Ihnen helfen? 43, 87
Kanzler(in) 149
Karfreitag 80
Karneval 80
Kartoffel 94
Kartoffelchips 96
Käse 95
Kasse 89
Kassenzettel 89
Katze 120
Kauf 86
kaufen 86
Kaufhaus 90
kaum 179
kein(e) 176
Keine Ursache! 37
Keks 93
Keller 103
Kellner 69
Kellnerin 69
kennenlernen (sich) 26
Ketchup 96
Kilogramm 174
Kilometer 174
Kind 13
Kindergarten 66
Kino 78
Kirche 111
Kirsche 94
Kissen 105
Kiste 107
klar 40
klasse 79
Klasse 65, 174
Klassenzimmer 65

Klavier 76
Kleid 20
Kleidergröße 20
Kleiderschrank 105
Kleidung 19
klein 18
klicken 135
Klima 124
Klimaanlage 107
Klimawandel 126
klingeln 106
Klinik 55
Kneipe 98
Knie 51
Knochen 51
kochen 92
Koffer 109
Kolleg(in) 68
kommen 169
kommen aus 14
Konditorei 98
Konflikt 151
König(in) 144
Königreich 144
können 183
Könnten Sie ...? 43
Könntest du ...? 43
Konsulat 149
Kontakt 26
Kontinent 121
Konzert 75
Kopf 51
Kopfschmerzen 53
kopieren 70, 135
Kopierer 70
Körper 51
körperlich 52
kosten 88
köstlich 91
Kraft 54
krank 52
Krankenhaus 55
Krankenpfleger(in) 69
Krankenwagen 57
Krankheit 52
krank werden 52
Kreditkarte 137
Kreis 170
Kreuzung 113
Krieg 150
Kriminalität 154
Kriminalroman 74
Kriminelle(r) 155

Index German – English

Kritik 40
kritisieren 40
Krone 145
Küche 103
Kuchen 93
Kugelschreiber 70
Kuh 120
kühl 124
Kühlschrank 107
kümmern um (sich) 22
Kunde 89
Kundin 89
Kunst 77
Kunststoff 143
Kurs 60
kurz 20
Kurzgeschichte 74
Kuss 23
küssen 23
Küste 122

L

lächeln 31
Lächeln 31
lachen 32
Lachen 32
Lachs 95
Laden 90
Lampe 105
Land 121, 146
landen 117
Landkarte 113
Landschaft 121
Landstraße 113
Landwirtschaft 140
landwirtschaftlich 140
lang 20, 160
langsam 82, 168
langweilig 32
Lärm 33
lassen 45
laufen 82
Laufwerk 134
laut 75
Lautsprecher 76
leben 26
Leben 26
Lebensmittel 91
Lebensmittelgeschäft 90

Leder 143
ledig 14
leer 100
legal 153
legen 44
Lehrer(in) 69
leicht 62, 143
leiden 52
leihen 50
leise 75
leiten 68
Lektion 60
lernen 59
lesen 74
Leser(in) 74
letzter 162
Leute 25
Licht 105
lieb 15
Liebe 23
Liebe ... 127
lieben 23
Lieber ... 127
Lieblings- 32
Lied 75
liken 133
Linie 114, 170
links 164
Lippe 51
Liter 174
Löffel 107
Lohn 72
löschen 135
Luft 123
lustig 15

M

machen 44
Macht 148
mächtig 148
Mädchen 13
Mai 156
malen 77
manchmal 161
Mangel 146
Mann 13
Mantel 20
Märchen 74
Marille 94
Markt 90
Marmelade 96
März 156

Maschine 141
Material 143
Maus 120, 134
Mauszeiger 134
Mechaniker(in) 69
Medikament 56
Medizin 56
medizinisch 55
Meer 122
meinen 39
Meinung 39
meistens 161
Mensch 26
menschlich 26
Menü 99
Messer 107
Metall 143
Meter 174
Metzgerei 90
Metzger(in) 69
Miete 101
mieten 101
Milch 95
Millimeter 174
Mineralwasser 97
Ministerin 149
Minute 158
mit 181
Mitarbeiter(in) 71
mitbringen 49
Mit freundlichen Grüßen 127
mitnehmen 50
Mittag 157
Mittagessen 99
Mitte 164
Mittelmeer 122
Mittwoch 157
Möbel 104
Möbelstück 104
möbliert 104
Möchten Sie ...? 43
Möchtest du ...? 43
Mode 19
modern 77
mögen 32, 183
möglich 30
Mohrrübe 94
Monarchie 144
Monat 156
Mond 123
Montag 157
moralisch 147
Mord 155

morgen 159
Morgen 157
morgens 157
Moschee 111
Motel 110
Motor 141
Motorrad 118
MP3-Player 76
müde 46
Muffin 93
Mülleimer 107
Mund 51
Münze 138
Museum 112
Musik 75
müssen 184
mutig 16
Mutter 22
Muttersprache 64
Mütze 21

N

nach 158, 161, 166, 182
Nachbar(in) 25
nachdenken 29
Nachfrage 136
nach Hause 101
Nachmittag 157
nachmittags 157
Nachname 14
Nachrichten 128
nachsehen 33
Nachspeise 99
Nacht 157
Nachthemd 20
Nachtisch 99
Nachwuchs 22
nahe 167
Name 13
Nase 51
nass 125
Nation 146
national 146
Nationalität 146
Nebel 125
neben 164
neblig 125
nehmen 50
Nehmen Sie doch bitte Platz! 43
nein 36

Index German – English

nervös 16
nett 15
neu 88
Neujahrstag 80
neu starten 134
nicht 36
nicht leiden
 können 32
nichts 176
nie 161
Niederlage 84
niedrig 167
niemand 176
nirgendwo 165
noch ein(e) 176
noch nicht 160
Norden 123
nördlich von 123
normal 178
Note 61
notieren 70
Notiz 70
Notrufnummer 57
November 156
Nudeln 93
Nummer 172
nur 178
nützen 142
nützlich 142
nutzlos 142

O

ob 183
oben 165
Obers 95
Obst 94
Obst- und Gemüse-
 laden 90
oder 182
öffentlich 145
öffentliche Verkehrs-
 mittel 114
Öffentlichkeit 145
offline 132
öffnen 102
oft 161
ohne 181
Ohr 51
Ohrring 21
Oktober 156
Öl 96
Onkel 22

online 132
Onlinebanking 133
Oper 76
Operation 55
operieren 55
Opfer 154
Opposition 149
orange 170
Orange 94
Orangen-
 limonade 97
Ort 112
Osten 123
Ostermontag 80
Ostern 80
Österreich 185
Österreicher(in) 185
österreichisch 185
Ostersonntag 80
östlich von 123
Ozean 122

P

Paar 24, 177
Päckchen 127
packen 109
Palast 112
Papier 70
Papiere 109
Paprika 94
Paradeiser 94
Parfum 58
Park 113
parken 119
Parkhaus 113
parkieren 119
Parkplatz 113
Parlament 149
Partei 148
Parterre 102
Party 79
Pass 109
passen 19
passend 89
Patient(in) 55
Pause 66, 73
Pazifik 122
Pech 85
Pence 139
Penny 139
Pension 110
Peperoni 94

Perron 116
Person 25
Personal 68
Personalausweis 109
persönlich 25
Persönlichkeit 15
Pfad 122
Pfeffer 96
Pferd 120
Pfingsten 80
Pfirsich 94
Pflanze 120
pflanzen 140
Pfund 139
picknicken 86
Pizza 98
Pizzeria 98
Plan 47
planen 47
Platz 113
Platz nehmen 104
plötzlich 162
Plural 64
Pneu 119
Podcast 133
Politik 148
politisch 148
Polizei 57
Polizist(in) 69
Pommes frites 98
Portemonnaie 21
Post 127
Postamt 127
posten 133
Postkarte 127
Postleitzahl 127
Präsident(in) 149
Praxis 56
Preis 88
preiswert 88
privat 145
Problem 62
Professor(in) 69
Programm 129, 134
programmieren 134
Prost! 91
Prozent 139
Prozess 153
Prüfung 61
psychisch 52
Pullover 20
Punkt 158
putzen 106

Q

Quadrat 170
qualifizieren (sich)
 68
Qualität 174
Quittung 89

R

Radio 128
Rappen 139
Rasierapparat 58
rasieren (sich) 58
Rat 39
rau 143
rauchen 54
Rechnung 100
Rechteck 170
recht haben 39
rechts 164
rechtzeitig 162
Rede 34
reden 35
Regal 105
regelmäßig 161
Regen 124
Regenschirm 21
regieren 148
Regierung 148
Region 121
regional 121
Regionalzug 117
regnen 125
reich 146
Reichtum 145
Reifen 119
Reihenfolge 174
Reis 93
Reise 108
Reisebüro 109
reisen 108
reiten 83
Religion 147
religiös 147
Rennen 82
Rente 73
reparieren 137
reservieren 100
Reservierung 100
Restaurant 98
retten 56
Rettungsdienst 57
Rezept 55

Rezeption 110
richtig 60
Richtung 166
riechen 34
Rindfleisch 95
Ring 21
Rock 20
roh 92
Roman 74
rosa 170
Rose 120
Rosé 97
rot 170
Rotwein 97
Route 119
Rücken 51
Rückfahrkarte 116
Rückkehr 108
rückwärts
 fahren 119
rufen 35
Ruhestand 73
ruhig 16
rund 170

S

Saal 112
Sachbuch 74
Sache 44
Saft 97
sagen 34
Sahne 95
Salami 95
Salat 94
Salz 96
salzig 92
Samstag 157
Sandwich 98
Satellit 123
Satz 63
sauber 106
sauer 42, 92
Sauerkraut 94
S-Bahn® 114
Schaf 120
Schaffner(in) 116
scharf 92
schauen 33
Scheibe 93
scheinen 30
schenken 79
schicken 127

Schiene 116
schießen 151
Schiff 117
Schild 119
Schinken 95
Schlafanzug 20
schlafen 46
Schlafsack 110
Schlafzimmer 103
Schlagzeug 76
schlank 18
schlau 16
schlecht 53, 62
schlecht gehen 52
schließen 102
Schlitten fahren 83
Schloss 106, 112
Schlüssel 106
schmal 167
schmecken 91
Schmerz 53
schmerzen 53
schmutzig 106
Schnee 126
schneiden 92
schneien 126
schnell 82, 168
Schnellzug 116
Schnitzel 98
Schock 54
Schokolade 96
schon 160, 161, 162
schön 17
Schönen Tag! 43
Schönheit 17
Schotte 186
Schottin 186
schottisch 186
Schottland 186
Schrank 105
schreiben 70
Schreibtisch 70
schreien 41
Schuh 20
Schuhgeschäft 90
Schuld 17
schulden 138
Schulden 138
schuldig 154
Schule 65
Schüler(in) 65
Schüssel 107
schwach 54
schwarz 170

schweigen 35
Schweigen 35
Schwein 120
Schweinefleisch 95
Schweiz 185
Schweizer
 Franken 138
Schweizer(in) 185
schweizerisch 185
schwer 62, 143
Schwester 22
schwierig 62
Schwimmbad 83
schwimmen 83
See 122
sehen 33
Sehenswür-
 digkeit 111
Seife 58
sein 183
seit 160
Seite 60, 164
Sekretär(in) 68
Sekt 97
Sekunde 158
Selfie 132
Semmel 93
senden 129
Sendung 129
Senf 96
September 156
Sessel 105
setzen (sich) 104
Shampoo 58
Shitstorm 133
shoppen gehen 87
Show 81
sicher 48, 150
Sicherheit 150
Sieg 84
siegen 84
Sieger(in) 84
Silber 143
Silvester 80
singen 75
Singular 64
sinken 118, 140
sitzen 104, 168
Sitzplatz 116
Ski 83
Ski laufen 83
skypen® 131
Slip 20
Smartphone 131

SMS 131
SMS schreiben 131
Socke 20
Sofa 105
sofort 162
Software 134
Sohn 22
Soldat(in) 150
sollen 184
Sommer 156
sondern 182
Sonne 123
Sonnenbrille 21
Sonntag 157
Sorgen machen
 (sich) 32
Sorgfalt 61
Sorte 174
so wie 18
so ... wie 178
sozial 145
soziales
 Netzwerk 133
sparen 138
Spaß haben 81
spät 162
später 162
Spaziergang
 machen 86
Speck 95
speichern 135
Speisekarte 99
Spezialität 98
Spiegel 107
Spiel 84, 85
spielen 75, 85
Spieler(in) 82
Spielkarten 85
Spielzeug 86
Sport 82
Sporthalle 82
Sport treiben 82
Sprache 64
sprechen 34
Sprechstunde 55
springen 168
Sprudel 97
Spülmaschine 107
Staat 152
staatlich 152
Stadt 112
Stadtmitte 112
Stadtplan 113
Stadtteil 113

Index German – English 195

Stadtzentrum 112
stark 54, 142
Start 84
starten 117
statt 182
Steak 95
stehen 46
stehlen 155
steigen 139
steigern 140
Stelle 67
stellen 45
sterben 28
Stereoanlage 76
Stern 123
Steuer 140
Stier 120
still 35
Stimme 75
stinken 34
Stirn 51
Stockwerk 102
stören 42
strafbar 154
Strafe 154
Strand 122
Straße 14, 113
Straßenbahn 114
Streik 73
streiken 73
Streit 41
streiten 41
Strom 142
Stück 177
Student(in) 65
studieren 59
Studium 66
Stuhl 105
Stunde 158
Stundenplan 66
Sturm 125
stürmisch 125
Substantiv 63
suchen 45
Suchmaschine 132
Süden 123
südlich von 123
Supermarkt 90
Suppe 98
süß 92
Süßigkeiten 96
sympathisch 15
Synagoge 111
System 143

T

Tablette 56
Tag 157
täglich 157
Tankstelle 119
Tante 22
tanzen 81
Tanzveran-
staltung 81
Tasche 21
Taschenmesser 86
Taschentuch 58
Tasse 107
Tastatur 134
Taste 134
Tätigkeit 44
Taxi 118
Team 68
Tee 97
Teelöffel 107
Teil 178
teilnehmen 82
Teilnehmer(in) 82
Telefon 130
Telefongespräch 130
telefonieren 130
Telefonnummer 14
Teller 107
Temperatur 124
Teppich 105
Terminal 117
Terrasse 104
Terrorismus 151
teuer 88
Text 74
Theater 78
Theaterstück 78
Thon 95
Thunfisch 95
tief 75, 167
Tiefkühl- 93
Tier 120
Tisch 105
Titel 74
Toast 93
Tochter 22
Tod 27
Toilette 103
toll 79
Tomate 94
Tonne 174
Topf 107
Tor 103
Torte 93

tot 28
töten 155
Tourismus 109
Tourist(in) 109
touristisch 109
tragen 19, 45
trainieren 82
Trauer 28
traurig 33
treffen 25
Treffen 25
Treibhauseffekt 126
trennen (sich) 24
Trennung 24
Treppe 103
treu 24
trinken 91
trinken gehen 80
Trinkgeld 100
trocken 125
trocknen 106
Trommel 76
trotz 182
Tschüss! 42
T-Shirt 20
tun 44
Tür 103
Turm 112
twittern® 133
Typ 25

U

U-Bahn 114
übel 53
Übelkeit 53
üben 60
über 164, 167, 177, 181
überall 165
überleben 57
übermorgen 159
übernachten 110
Übernachtung 110
überqueren 119
Überraschung 32
überregional 121
Überschwem-
mung 126
übersetzen 64
Übersetzung 64
übertragen 129
Überweisung 138

überzeugen 39
Übung 60
Ufer 122
Uhr 158
um 158, 166
umarmen (sich) 23
Umarmung 23
umdrehen (sich) 168
um herum 166
um ... herum 166
um Hilfe rufen 57
Umsatz 136
umsteigen 114
umtauschen 89
Umwelt 126
umziehen 102
umziehen (sich) 19
um ... zu 179
unangenehm 31
und 182
Unfall 56
unfreundlich 15
ungefähr 177
ungerecht 154
unglücklich 31
ungültig 109
unhöflich 15
Universität 66
unmöglich 30
unmoralisch 147
unrecht haben 40
unschuldig 154
unsicher 48
unsympathisch 15
unten 165
unter 164
Unterhaltung 80
Unterhose 20
Unterkunft 110
Unterlagen 70
Unterricht 65
unterrichten 65
Unterrichtsstunde 65
Unterschied 178
unterschreiben 153
Unterschrift 152
unterstützen 48
Unterstützung 48
untersuchen 55
Untersuchung 55
Untertasse 107
unterwerfen 145
untreu 24
unvorsichtig 16

Index German – English

unwichtig 40
unzufrieden 89
Urlaub 108
USA 186
US-amerikanisch 186
USB-Anschluss 134

V

Vater 22
vegan 93
vegetarisch 93
Velo 118
verantwortlich 68
verärgert 41
Verb 63
verbessern (sich) 61
verbieten 38
Verbindung 116
Verbot 38
verbrennen (sich) 56
verdienen 72
Vereinigten Staaten 186
verfassen 74
verfolgen 151
vergessen 29
Vergnügen 80
verheiratet 14
Verkauf 86
verkaufen 86
Verkäufer(in) 68
Verkehr 118
verleihen 50
verletzen 53
verletzen (sich) 53
verlieben (sich) 23
verliebt sein 23
verlieren 84
Verlierer(in) 84
verlinken 135
verlobt sein 24
Verlobung 24
vermieten 101
verpassen 115
verringern 140
verschreiben 55
versichern 139
Versicherung 139
Verspätung 114
versprechen 37
verstehen 59
Versuch 47

versuchen 47
Vertrag 72
Verwaltung 152
verwitwet 14
viel(e) 175
Vielen Dank! 37
Vielen herzlichen Dank! 37
vielleicht 30
Viel Spaß! 81
Viel Vergnügen! 81
Viertel 113
Viertelstunde 158
violett 170
Vogel 120
voll 100
vollständig 88
volltanken 119
von 160, 181
von … bis 181
von … nach 181
vor 158, 161, 164
vorbeifahren 169
vorbereiten 47
vorgestern 159
vorhaben 47
vorlesen 74
Vormittag 157
vormittags 157
Vorname 14
Vorort 113
Vorortzug 117
Vorsicht! 57
vorsichtig 16
Vorspeise 99
Vorstand 136
Vorwahl 130
vorwärts fahren 119

W

wachsen 27
Waffe 151
Wagen 118
wählen 87, 130
wahr 129
während 159
Wahrheit 129
wahrscheinlich 30
Wald 120
Wand 103
Wanderung 83
wann 180

Ware 136
Warenhaus 90
warm 124
Wärme 124
warm machen 92
warten auf 114
Warteschlange 89
warum 180
was 180
waschen 106
waschen (sich) 57
Waschmaschine 107
Was ist los? 43
Was kostet …? 88
Wasser 122
Wasserhahn 105
Wechselgeld 89
wechseln 139
wecken 46
Wecker 107
weg 166
Weg 122
weggehen 169
wegnehmen 50
wehtun 53
weich 143
Weihnachten 80
weil 179
Wein 97
weinen 32
weiß 170
Weißwein 97
weit 20, 167
welche(r, -s) 180
Welle 122
Welt 123
Weltraum 123
wem 180
wen 180
wenig 175
wenig(e) 175
wenn 183
wer 180
Werbespot 129
werden 183
werfen 82
Werk 77
Werkstatt 137
Werktag 157
Werkzeug 86
Westen 123
westlich von 123
Wetter 124
Wettkampf 82

wichtig 40
wie 178, 180
Wie bitte? 37
wiederholen 60
Wie geht es dir? 43
Wie geht es Ihnen? 43
Wie geht's? 43
Willkommen! 43
Wind 125
windig 125
Winter 156
Wintersport 83
Wirtschaft 136
wissen 59
Wissen 59
Witwe 28
Witwer 28
WLAN 131
wo 180
Woche 156
Wochenende 156
wohin 180
Wohnblock 102
wohnen 101
Wohnort 14
Wohnung 102
Wohnzimmer 103
Wolke 124
Wolle 143
wollen 37, 184
Wort 63
Wörterbuch 64
Wunde 53
Wunsch 37
wünschen 37
Würden Sie bitte …? 37
Würdest du bitte …? 37
Würfel 85
Würstchen 95
Wüste 122
Wut 41
wütend 41

Z

Zahl 172
zahlen 100
zählen 172
Zahn 51
Zahnarzt 69

Index English – German   197

Zahnärztin 69
Zahnbürste 58
Zähne putzen 58
Zahnpasta 58
zeichnen 77
zeigen 77
Zeit 158
Zeitschrift 128
Zeitung 128
Zelt 110
zelten gehen 110
Zentimeter 174
Zettel 70
Zeugin 154

Zeugnis 61
Ziege 120
ziehen 45, 102
Ziel 84
Zigarette 96
Zimmer 103
Zitrone 94
Zitronen-
  limonade 97
zivil 150
Zorn 41
zornig 41
zu Abend essen 99
Zucker 96

zu Ende 163
zuerst 162
zufrieden 89
zu früh 162
zu Fuß gehen 168
Zug 115
zu Hause 101
zuhören 75
zum Beispiel 40
zu Mittag essen 99
Zunge 51
zur Arbeit
  gehen 67
zurückgeben 49

zurückkehren 108
zurück-
  kommen 109, 169
zurückrufen 130
zusammen 178
zusammenleben 22
Zusammenstoß 56
zusammenstoßen 56
zu spät 162
zweimal 163
zweiter
  Weihnachtstag 80
Zwiebel 94
zwischen 165, 181

A

a bit 177
about 177, 181
above 164
abroad 146
absent 62
accept 39, 50
accident 56
accommodation 110
according to 182
account 132
accuse 153
accused 153
acquisition 86
across 167
activity 44
address 14
adjective 63
administration 152
admission 111
adult 27
adverb 63
advice 39
a few 175
Africa 186
African 186
after 161
afternoon 157
against 40
age 27
agency 137
agree 39
agreement 39
agree to do sth. 48
agricultural 140

agriculture 140
air 123
air conditioning 107
airline 117
airport 117
alarm 57
alarm clock 107
alcohol 97
all 176
allow 38
all right 38
All right. 43
almost 179
alone 33
a lot of 175
alphabet 63
already 160, 162
also 179
always 160
am 157
ambulance 57
America 186
American 186
among 165
amusing 81
ancient 77
and 182
angry 41
angular 170
animal 120
anniversary 79
annoyed 42
annoying 41
another 176
answer 36
any 175, 176

anyone 176
anything 175
anywhere 165
appetite 91
apple 94
application 71
apply 72
apricot 94
April 156
area 121
argue 41
argument 41
arm 51
armchair 105
armed 151
army 150
around 166
arrival 115
arrive 169
art 77
article 128
as 178, 181
as ... as 178
Asia 186
Asian 186
ask 36
assassination 155
assistant 69
at 158, 181, 182
atheist 148
at home 101
Atlantic 122
Atlantic Ocean 122
at once 162
attachment 131
attempt 47

attend 62
attractive 17
August 156
aunt 22
Australia 186
Australian 186
Austria 185
Austrian 185
autumn 156
away 166

B

baby 27
back 51
bacon 95
bad 62
bad luck 85
bag 21
bake 92
baker 69
bakery 90
balcony 104
ball 82
ban 38
bank 122, 137
banknote 138
bass 76
bath 105
bathroom 103
be 183
be able to 183
be absent 63
beach 122
be afraid 32

be allowed to 38
beautiful 17
beauty 17
be born 27
be called 13
because 179
bed 105
bed and
 breakfast 110
be doing badly 52
bedroom 103
beef 95
be engaged 24
beer 97
before 161
be fragrant 34
be friends with 25
be from 14
begin 163
be going to 183
behind 164
be in love 23
believe 147
bell pepper 94
belly 51
below 164
be of use 142
be one's turn 89
be on strike 73
be on the phone 130
be pleased 31
be right 39
best 61
better 61
between 165, 181
be used to 16
be well 17
be wrong 40, 61
be ... years old 27
bicycle 118
bikini 20
bill 100
bird 120
birth 26
birthday 79
biscuit 93
black 170
blanket 105
blaze 56
bleed 54
block 102
blog 133
blood 51
blouse 20

blow 125
blue 170
board 136
boat 117
body 51
boil 92
bone 51
book 74, 100, 109
bookshop 90
boot 134
boot up 134
border 150
boring 32
borrow 50
boss 68
both 177
bother 42
bottle 93
bottom 51
boutique 90
box 107
Boxing Day 80
boy 13
bracelet 21
brain 51
brave 16
bread 93
break 53, 66
breakfast 99
break out 150
breast 51
bridge 113
briefs 20
bring 49
British 185
Briton 185
broadcast 129
brother 22
brothers and
 sisters 22
brown 170
brush 58
brush one's teeth 58
build 101
building 102
building site 102
bull 120
burn 56, 126
bury 28
bus 114
bus stop 114
busy 67
but 182
butcher 69

butcher's 90
butcher's shop 90
butter 95
buttocks 51
buy 86
by 160, 164, 181, 182
by any chance 30
Bye! 42, 130

C

café 98
cake 93
cake shop 98
calendar 70
calf 120
call 35, 130
call for help 57
calm 16
camera 85
camping 110
campsite 110
can 183
cancel 109
Can I help you? 43, 87
can't stand 32
cap 21
cappuccino 97
car 118
care 61
care about 22
careful 16
careless 16
carnival 80
car park 113
carpet 105
carrot 94
carry 45
case 109
cash 137
cash desk 89
castle 112
cat 120
catch 59, 83
catch a cold 53
cathedral 111
CD 76
CD player 76
ceiling 103
celebrate 79
cellar 103
cemetery 113

cent 138
centimetre 174
certain 48
certificate 61, 153
chair 105
chancellor 149
change 19, 89, 139
change trains 114
character 15
charge 132
chat 133
cheap 88
check in 110
checkout 89
check out 110
Cheers! 91
cheese 95
chemist 69
chemist's 90
cherry 94
chest 51
chicken 95, 120
child 13
chips 98
chocolate 96
choose 87
Christmas 80
Christmas Day 80
Christmas Eve 80
church 111
cider 97
cigarette 96
cinema 78
circle 170
city 112
city centre 112
civil 150
class 65, 174
classes 65
classroom 65
clean 106
clear 40
clear the table 100
clever 16
click 135
climate 124
climate change 126
clinic 55
close 102
closed 87
clothes 19
clothes shop 90
cloud 124
cloudy 124

Index English – German

coast 122
coat 20
cod 95
coffee 97
coffee machine 107
coffee maker 107
coin 138
Coke® 97
cold 52, 124
cold platter 98
collaborator 68
colleague 68
college 66
collide 56
collision 56
colour 170
comb 58
combat 151
come 169
come from 14
Come in! 43
comfortable 104
commercial 129
commuter train 117
compartment 116
competition 82
competitor 82
complain 42
complete 88
computer 134
concert 75
conductor 116
conflict 151
congratulate 79
Congratulations! 79
connection 116
conquer 144
construction site 102
consulate 149
contact 26
continent 121
contract 72
conversation 34
convince 39
cook 92
cooker 107
cool 79, 124
copy 70, 135
correct 60
cost 88
cotton 143
couch 105
cough 53
Could you …? 43

count 172
country 121, 146
couple 24
course 60, 99
court 153
cousin 22
cow 120
cowardly 16
co-worker 68
crash 56
cream 58, 95
credit card 137
crime 154
criminal 154, 155
crisps 96
criticism 40
criticize 40
cross 119
crossroad 113
crown 145
cry 32
cucumber 94
cup 107
cupboard 105
cursor 134
customer 89
cut 92

D

daily 157
dance 81
danger 56
dangerous 56
dark 18
data 135
date 158
daughter 22
day 157
dead 28
Dear … 127
death 27
debit card 137
debts 138
December 156
decide 47
decision 47
decrease 140
deep 75
defeat 84
degree 61, 174
delay 114
delete 135

delicious 91
demand 72, 136
democracy 149
democratic 149
dentist 69
depart 108
department 68, 152
department store 90
departure 115
desert 122
desk 70
dessert 99
detective story 74
dial 130
dialling code 130
diary 70
dice 85
dictionary 64
die 28
diesel 119
difference 178
difficult 62
digital 135
digital camera 85
dining room 103
dinner 99
dinner party 81
direct 116
direction 166
dirty 106
disabled 54
disabled person 54
disco 81
discover 142
discovery 142
discuss 39
discussion 39
dish 98, 107
dishes 107
dish washer 107
dissatisfied 89
disturb 42
divorced 14
do 44
do business 136
doctor 69
documents 70, 109
dog 120
do handicrafts 86
dollar 139
door 103
do sb. a favour 48
do sport 82
do sth. for a living 72

do the dishes 106
double room 110
down 166
download 132
downstairs 165
draw 77
dress 19, 20
drink 91, 97
drive 118, 134
driver 118
driving licence 118
drum 76
drums 76
drunk 54
dry 57, 106, 125
during 159
DVD 78
DVD player 78

E

each 176
ear 51
early 161, 162
earn 72
earring 21
earth 123
earthquake 126
east 123
Easter 80
Easter Monday 80
Easter Sunday 80
east of 123
easy 62
eat 91
economy 136
edition 128
educate 66
education 66
egg 96
electric 142
electrical 142
electric guitar 76
electricity 142
e-mail 131
e-mail address 131
embassy 149
emergency number 57
emperor 144
employ 71
employed 71
employee 71

Index English – German

employer 71
employment 71
empress 144
empty 100
end 45, 163
enemy 151
engaged 130
engagement 24
engine 141
England 185
English 185
Englishman 185
Englishwoman 185
enjoy 81
enjoy oneself 81
Enjoy your meal! 91
Enjoy yourself! 81
enough 177
entertainment 80
entrance 103
environment 126
error message 135
espresso 97
euro 138
Europe 185
European 185
evening 157
ever 161
every 176
everybody 176
everyone 176
everything 176
everywhere 165
exact 40, 89
examination 55, 61
examine 55
example 60
exchange 89
Excuse me. 37
exercise 60
exercise book 60
exhibition 77
exist 148
exit 103
expect 30
expensive 88
explain 35
explanation 35
export 136
express train 116
eye 51

F

face 17
faint 54
fair 18, 84
fairy tale 74
faith 147
faithful 24
fall 46
fall in love 23
family 22
famous 85
far 167
farm 140
fashion 19
fast 82, 168
fat 18
father 22
favour 48
favourite 32
fear 32
February 156
feel 31
feeling 31
ferry 118
fertile 140
fertilize 141
fertilizer 141
few 175
field 140
fight 151
figure 17, 172
file 135
fill in 152
filling station 119
fill out 152
fill up 119
film 78
financial 138
find 45
Fine, thank you. 43
finger 51
finish 45, 84, 163
finished 46
fire 126
fire brigade 57
firm 136
first 162
first floor 102
first language 64
first name 14
fish 86, 95, 120
fit 19
flash 85
flat 102, 167

flat rate 131
flee 151
flight 117
flood 126
flooding 126
floor 102, 103
flower 120
flute 76
fly 117
fog 125
foggy 125
food 91
foot 51
football 83
for 160, 166, 181
forehead 51
foreign 147
foreigner 146
foreign language 64
forest 120
for example 40
forget 29
fork 107
form 152
free 154
freedom 154
free time 85
fresh 92
Friday 157
fridge 107
friend 25
friendly 15
friendship 25
from 160, 166
from … to 181
frozen 93
fruit 94
full 100
funeral 28
funny 15
furnished 104
furniture 104

G

gallery 77
gamble 85
game 84, 85
garage 104, 119
garden 103
gas 143
gate 103, 117
gateau 93

German 185
Germany 185
get 49, 50, 169
get back 109
get ill 52
get in 168
get married 23
get off 168
get on 168
get out 168
get ready 46
get there 108
get up 46
get upset 41
girl 13
give 49, 79
glad 31
glass 107, 143
glasses 21
glove 21
go 118, 169
go and check 33
goat 120
go by train 115
go camping 110
go climbing 83
God 147
go for a drink 80
go for a walk 86
go forward 119
gold 143
good 15, 61
Good afternoon! 42
Goodbye! 42
Good evening! 42
Good Friday 80
Good luck! 79
Good morning! 42
Good night! 42
goods 136
go out 80
go shopping 87
go skiing 83
go sledging 83
go to bed 46
go to work 67
go up 139
govern 148
government 148
go well 19
grain 120
gram 174
grammar 63
gramme 174

Index English – German

grandfather 22
grandmother 22
grandparents 22
grass 120
grave 28
great 79
Great Britain 185
green 170
greengrocer's 90
greenhouse effect 126
grey 170
grocer's 90
ground 121
ground floor 102
group 177
grow 27, 140
grown-up 27
guest 26
guest house 110
guided tour 111
guilt 154
guilty 154
guitar 76
gun 151
guy 25
gym 82

H

hair 17
hairbrush 58
haircut 18
hairdresser 69
hairdryer 107
half an hour 158
half-hour 158
hall 112
ham 95
hamburger 98
hand 51
handkerchief 58
happy 31
Happy Easter! 79
harbour 117
hard 62, 143
hard disk 134
hardly 179
hardware 134
harvest 141
hat 21
hate 23
hatred 23

have 49, 183
have a bath 57
Have a nice day! 43
have a picnic 86
have a seat 104
Have a seat, please. 43
have a shower 57
have breakfast 99
have dinner 99
have fun 81
Have fun! 81
have got 49, 183
have lunch 99
have to 184
head 51
headache 53
health 52
healthy 52
hear 33
heart 51
heat 104, 124
heating 105
heavy 143
Hello! 42
help 48, 99
here 165
Hi! 42
high 75, 167
hike 83
hill 121
hire 71, 101
historical 144
history 144
hobby 85
hold 45
hold sth. against sb. 42
holiday 108
holidays 108
home 101, 102, 150
home country 150
homework 66
honest 16
honey 96
hope 29
Hopefully! 43
horse 120
hospital 55
hot 92, 124
hotel 110
hour 158
house 102
household 106

house husband 68
house number 14
housewife 68
how 179, 180
How are you? 43
How much is …? 88
hug 23
human 26
hunger 91
hungry 91
hurt 53
husband 24
hybrid car 118

I

ice 126
ice cream 96
ice cube 97
identification 109
identity card 109
I'd like … 87
if 183
ill 52
illegal 153
illness 52
immediately 162
immoral 147
impolite 15
import 137
important 40
impossible 30
impression 30
improve 61
in 159, 182
included 100
in common 25
increase 139, 140
industry 136
influence 148
inform 128
information 128
information desk 115
in front of 164
inhabitant 152
innocent 154
in order to 179
inside 103
in spite of 182
instead of 182
instrument 76

insurance 139
insure 139
interest 59
interested 59
interesting 59
international 146
Internet 131
in time 162
into 166
invalid 109
invent 143
invention 142
invite 26
Ireland 185
Irish 186
Irishman 186
Irishwoman 186
iron 143
island 122
issue 128

J

jacket 20
January 156
jeans 20
job 67
journey 108
juice 97
July 156
jump 168
jumper 20
June 156
just 154
justice 154
juvenile 27

K

keep 49
ketchup 96
key 106, 134
keyboard 134
kill 155
kilogramme 174
kilometre 174
kind 15, 174
king 144
kingdom 144
kiss 23
kitchen 103
knee 51

Index English – German

knife 107
know 59
knowledge 59

L

lack 146
lake 122
lamp 105
land 117, 121
landscape 121
language 64
last 160, 162
last name 14
late 162
later 162
latest 88
laugh 32
laughter 32
law 153
lawyer 69
lazy 15
lead 111
leaf 120
learn 59
leather 143
leave 45, 108, 169
left 164
leg 51
legal 153
lemon 94
lemonade 97
lend 50
lesson 60, 65
let 45, 101
letter 63, 127
library 74
life 26
lift 103
light 105, 143
lighter 107
like 18, 32, 87, 133, 178, 183
like doing sth. 32
likely 30
line 114, 170
link 135
lip 51
listen 75
litre 174
little 175
live 26, 101
live together 22

living room 103
local train 117
lock 106
log off 132
log on 132
long 20, 160
look 17, 33
look at 33
look for 45
Look out! 57
loose 20
lose 84
loser 84
loud 75
loudspeaker 76
love 23
low 75, 167
luck 31, 85
luggage 109
lunch 99

M

machine 141
magazine 128
main course 99
main dish 99
make 44
make a living 72
make a mistake 60
make sb. laugh 81
male nurse 69
man 13, 26
management 68
manager 68
many 175
map 113
March 156
mark 61
market 90
marmalade 96
marriage 24
married 14
match 84
material 143
matter 44
May 156
maybe 30
mean 37, 39, 64
meaning 64
means of public transport 114
meat 95

mechanic 69
medical 55
medication 56
medicine 56
Mediterranean 122
Mediterranean Sea 122
meet 25, 26
meeting 25
Member of Parliament 149
memory 29
mentally 52
menu 99
merchandise 136
Merry Christmas! 79
metal 143
metre 174
middle 164
milk 95
millimetre 174
mineral water 97
minister 149
minute 158
mirror 107
miss 115
mistake 60
mobile 131
mobile number 14
mobile phone 131
modern 77
moment 159
monarch 144
monarchy 144
Monday 157
money 137
month 156
moon 123
moral 147
morning 157
mosque 111
motel 110
mother 22
mother tongue 64
motor 141
motorbike 118
motorway 113
mountain 121
mountains 121
mourning 28
mouse 120, 134
mouth 51

move 102, 168
MP3 player 76
Mr 13
Mrs 13
Ms 13
much 175
muffin 93
multi-storey car park 113
murder 155
museum 112
music 75
must 184
mustard 96

N

name 13
narrow 167
nation 146
national 121, 146
nationality 146
native language 64
near 167
nearly 179
neck 51
necklace 21
need 44
neighbour 25
nervous 16
never 161
new 88
news 128
newspaper 128
New Year's Day 80
New Year's Eve 80
next to 164
Nice to meet you. 43
night 110, 157
nightdress 20
no 36, 176
nobody 176
noise 33
non-fiction book 74
noodles 93
noon 157
normal 178
north 123
north of 123
nose 51
not 36
note 70, 138
note down 70

Index English – German

nothing 176
notice 30
not yet 160
noun 63
novel 74
November 156
now 159
nowhere 165
number 172
nurse 69
nursery 66
nursery school 66

O

ocean 122
o'clock 158
October 156
of 181
offer 87
office 70, 152
office chair 70
official 152
offline 132
offspring 22
often 161
oil 96, 143
Okay! 39
old 27
on 181
once 163
onion 94
online 132
online banking 133
only 178
open 87, 102
opera 76
operate 55
operation 55
opinion 39
opponent 84
opposite 165, 178
opposition 149
or 182
orange 94, 170
orangeade 97
order 38, 137, 174
organic 141
out of 166
outside 103
over 163, 164, 177
owe 138
own 49

P

Pacific 122
Pacific Ocean 122
pack 109
page 60
pain 53
paint 77
painting 77
pair 177
pair of briefs 20
pair of jeans 20
pair of pyjamas 20
pair of trousers 20
palace 112
paper 70, 128
parcel 127
Pardon? 37
parents 22
park 113, 119
parking space 113
parliament 149
part 178
participate 82
part of town 113
party 79, 148
pass 99, 169
passenger 114
passport 109
past 158
pasta 93
paste 135
path 122
patience 16
patient 55
pavement 113
pay 72
pay for 100
peace 150
peaceful 150
peach 94
peak 121
pear 94
pen 70
pence 139
penny 139
pension 73
people 25
pepper 96
per cent 139
performance 78
perfume 58
perhaps 30
permission 38
permit 38

persecute 151
person 25
personal 25
personality 15
petrol 119
petrol station 119
pharmacist 69
phone 130
phone back 130
phone call 130
photo 85
photocopier 70
photocopy 70
physical 52
piano 76
picture 77
piece 177
piece of furniture 104
piece of paper 70
pig 120
pill 56
pillow 105
pink 170
pizza 98
pizzeria 98
place 112
place of residence 14
plan 47
plane 117
plant 120, 140
plastic 143
plate 107
platform 116
play 75, 78, 85
player 82
playing cards 85
pleasant 15, 31
please 37
pleased 31
pleasure 31, 80
plural 64
pm 157
pocket knife 86
podcast 133
police 57
policeman 69
policewoman 69
polite 15
political 148
politics 148
poor 146
population 145
pork 95

port 117
possible 30
post 67, 127, 133
postcard 127
postcode 127
post office 127
pot 107
potato 94
pound 139
poverty 146
power 142, 148
powerful 142, 148
practice 60
practise 60
prawn 95
pray 147
precise 143
prepare 47
prescribe 55
prescription 55
present 62, 79
president 149
pretty 17
pretzel 93
prevent 38
price 88
printer 134
print out 135
private 145
probably 30
problem 62
profession 67
professor 69
program 134
programme 129
prohibit 38
promise 37
pronounce 65
pronunciation 64
property 49, 101
pub 98
public 145
public transport 114
pull 45
pullover 20
punishment 154
pupil 65
purse 21
push 45
put 44, 45
put on 19
put to sea 118
pyjamas 20

Q

qualify 68
quality 174
quarter 113
quarter of an
  hour 158
queen 144
question 36
queue 89
quickly 168
quiet 35, 75

R

race 82
radio 128
rage 41
rail 116
railway 115
railway station 115
rain 124, 125
Rappen 139
raw 92
razor 58
read 74
reader 74
reason 179
reasonably priced 88
receipt 89
receive 50
reception 110
recommendation 39
record 129
recover 52
rectangle 170
red 170
reduce 140
red wine 97
refugee 151
refund one's
  money 89
region 121
regional 121
register 62
registration 62
regular 161
reign 144, 148
religion 147
religious 147
remain silent 35
remember 29
remove 45
renewable

energies 142
rent 101
repair 137
repeat 60
reply 36
rescue 56
rescue service 57
reservation 100
reserve 100
residence 14
responsible 68
rest 73
restart 134
restaurant 98
retire 73
retirement 73
return 49, 108, 169
return ticket 116
reverse 119
rice 93
rich 146
ride 83
ride a bike 118
right 60, 164
ring 21, 130
ring the bell 106
rise 139
river 122
road 113
road sign 119
roast 92, 98
roll 93
roof 102
room 103
rose 120
rosé 97
rough 143
round 166, 170
round-trip ticket 116
route 119
rubbish bin 107
ruler 144
run 68, 82
run the
  household 106

S

sad 33
safe 150
safety 150
salad 94
salami 95

salary 72
sale 86
salmon 95
salt 96
salty 92
sandwich 98
satellite 123
satisfied 89
Saturday 157
saucer 107
sauerkraut 94
sausage 95
save 56, 135, 138
savings 138
say 34
say thank you 37
scenery 121
schedule 117
schnitzel 98
school 65
Scot 186
Scotland 186
Scottish 186
screen 134
sea 122
search engine 132
seaside 122
season 156
seat 116
second 158
second-hand 88
secretary 68
see 33, 78
See you! 42
See you later! 42
selfie 132
sell 86
send 127
sentence 63
separate 24
separated 14
separation 24
September 156
serve 87
service 116
set meal 99
set the table 99
shall 184
shampoo 58
shape 170
sharp 158
shave 58
sheep 120

sheet 70
shelf 105
ship 117
shirt 20
shitstorm 133
shock 54
shoe 20
shoe shop 90
shoot 151
shop 90
shop assistant 68
shopping bag 89
shopping centre 90
short 18, 20
short story 74
shout 41
show 77, 81
shower 105
shower gel 58
shut 102
shut down 134
siblings 22
sick 53
sickness 53
sick to one's
  stomach 53
side 164
sight 111
sightseeing tour 111
sign 153
signature 152
silence 35
silver 143
simple 62
since 160
sing 75
single 14
single room 110
singular 64
sink 118
sister 22
sit 104, 168
size 20
ski 83
skirt 20
sky 123
skype® 131
sleep 46
sleeping bag 110
slice 93
slim 18
slow 168
slowly 82
small 18

Index English – German

smartphone 131
smell 34
smile 31
smoke 54
smooth 143
snack 98
snow 126
soap 58
social 145
social network 133
society 145
sock 20
sofa 105
soft 143
software 134
soil 121
soldier 150
sold out 88
some 175
somebody 176
someone 176
something 175
sometimes 161
somewhere 165
son 22
song 75
soon 162
Sorry? 37
sort 174
sound 33
soup 98
sour 92
south 123
south of 123
space 123
sparkling water 97
sparkling wine 97
speak 34
speciality 98
speech 34
spell 63
spend 88
spend the night 110
spicy 92
spirit 147
spoon 107
sport 82
spring 156
square 113, 170
staff 68
stage 78
stairs 103
stamp 127
stand 46

star 123
start 84, 163
starter 99
state 152
station 115
stay 101, 169
steak 95
steal 155
stereo 76
stink 34
stop 114, 163
store 90
storm 125
stormy 125
story 74
strawberry 94
street 14, 113
strength 54
strike 73
strong 54
student 65
studies 66
study 59
stupid 16
stupidity 16
subject 66, 145
subscription 128
suburb 113
suburban train 114
suddenly 162
suffer 52
sugar 96
suit 20
suitcase 109
suit sb. 19
summer 156
sun 123
Sunday 157
sunglasses 21
supermarket 90
supper 99
support 48
surgery 56
surgery hours 55
surname 14
surprise 32
survive 57
sweater 20
sweet 92, 96
sweet pepper 94
sweets 96
swim 83
swimming pool 83
swimming trunks 20

swimsuit 20
Swiss 185
Swiss Franc 138
Switzerland 185
synagogue 111
system 143

T

table 105
take 50, 160
take an interest in 59
taken aback 28
take off 19, 117
take pictures 85
talk 34, 35
tall 17
tap 105
taste 91
tax 140
taxi 118
tea 97
teach 65
teacher 69
team 68
teaspoon 107
telephone 130
telephone
 number 14
television 128
tell 34, 35
temperature 53, 124
tent 110
terminal 117
terrace 104
terrorism 151
test 61
text 74, 131
text message 131
than 178
thank 37
Thank you! 37
Thank you very
 much! 37
that 182
That doesn't
 matter. 43
that is to say 40
theatre 78
the day after
 tomorrow 159
the day before
 yesterday 159

the east of 123
theft 155
then 161
the north of 123
there 165
the south of 123
the west of 123
thin 18
thing 44
think 29
thirst 91
thirsty 91
thought 29
throat 51
through 166
throw 82
thunderstorm 125
Thursday 157
ticket 78, 114
ticket office 115
tidy 106
tidy up 102
tight 19
till 89, 160
Till tomorrow! 42
time 158
timetable 66, 115
tip 100
tired 46
tiring 47
tissue 58
title 74
to 158, 166, 179
toast 93
today 159
together 178
toilet 103
tomato 94
tomorrow 159
ton 174
tongue 51
tonne 174
too 179
tool 86
tooth 51
toothbrush 58
toothpaste 58
touch 33
tourism 109
tourist 109
touristy 109
towards 166
towel 107
tower 112

town 112
toy 86
track 116
tradesman 69
trade union 73
traffic 118
traffic lights 119
train 82, 115
tram 114
transfer 138
translate 64
translation 64
travel 108
travel agency 109
treat 55
treatment 55
tree 120
trial 153
triangle 170
trip 108, 111
trouble 41, 62
trousers 20
true 129
truth 129
try 47
try hard 47
try on 19
T-shirt 20
Tuesday 157
tuna 95
turn 45, 168
turn off 104
turn on 104
turnover 136
TV 128
twice 163
twitter® 133
type 174
tyre 119

U

ugly 17
umbrella 21
uncertain 48
uncle 22
unconscious 54
under 164
underground 114
understand 59
unemployed 71
unemployment 71
unfaithful 24
unfriendly 15
unhappy 31
unimportant 40
United States 186
university 66
unjust 154
unpleasant 15, 31
until 160
up 166
upset 41
upstairs 165
USB port 134
use 44
useful 142
useless 142
user name 132
usually 161

V

valid 109
veal 95
vegan 93
vegetable 94
vegetarian 93
verb 63
victim 154
victory 84
village 112
vinegar 96
violet 170
violin 76
visit 26, 111
voice 75

W

wage 72
waiter 69
wait for 114
waitress 69
wake 46
walk 168
wall 103
want 37
want 184
war 150
wardrobe 105
warm 124
warmth 124
warm up 92
wash 57, 106
washing machine 107
wastepaper basket 70
watch 21
watch TV 128
water 122, 141
wave 122
way 179
weak 54
wealth 145
weapon 151
wear 19
weather 124
wedding 23
Wednesday 157
week 156
weekend 156
Welcome! 43
well 61
west 123
west of 123
wet 125
what 180
when 180
where 180
which 180
white 170
white wine 97
Whitsun 80
who 180
why 180
wide 20
widow 28
widowed 14
widower 28
wife 24
Wi-fi 131
will 183
win 84
wind 125
window 103
windy 125
wine 97
winner 84
winter 156
winter sports 83
wish 37
with 181
within 182
without 181
witness 154
woman 13
wonder 29
wood 120, 143
wool 143
word 63
work 67, 77, 141
work as 67
worker 71
working day 157
workshop 137
world 123
worry 32
wound 53
wrath 41
wristwatch 21
write 70, 74
wrong 60

Y

year 156
yellow 170
yes 36
yesterday 159
young 27
youth 27
youth hostel 110

Abbreviations

A	Austrian (österreichisch)
acc	accusative (Akkusativ)
adj	adjective (Adjektiv)
adv	adverb (Adverb)
CH	Swiss (schweizerisch)
conj	conjunction (Konjunktion)
dat	dative (Dativ)
etw.	something (etwas)
f	feminine (Femininum)
interj	interjection (Interjektion)
j-m	someone (jemandem)
j-n	someone (jemanden)
m	masculine (Maskulinum)
n	neuter (Neutrum)
n	noun (Nomen)
n f	noun feminine (Nomen Femininum)
n m	noun masculine (Nomen Maskulinum)
n m-f	noun masculine and feminine (Nomen Maskulinum und Feminum)
n n	noun neuter (Nomen Neutrum)
nom	nominative (Nominativ)
phrase	phrase (Phrase)
prep	preposition (Präposition)
pl	plural (Plural)
sg	singular (Singular)
v	verb (Verb)
v-aux	auxiliary verb (Hilfsverb)
v-irr	irregular verb (unregelmäßiges Verb)
v-sep	separable verb (trennbares Verb)
v-sep-irr	separable irregular verb (trennbares und unregelmäßiges Verb)

Langenscheidt

„Mit Bildern schnell, unterhaltsam und effektiv lernen!"

Anschaulich wie noch nie – übers Auge ins Gehirn! Ob beim Wörter nachschlagen oder Wortschatz wiederholen – die visuelle Lernmethode ist erfolgreich und macht richtig Spaß.

www.langenscheidt.de/mit-bildern-lernen

L